作者简介

许 海 中国人民大学文学硕士，北京大学哲学博士，中国人民大学新闻传播学博士后，现在北京市委宣传系统工作，主持和参加科研项目10多项，发表哲学、文学、新闻传播学等文章100余篇，著有《第一项修炼：二十年文学作业》（北京联合出版公司2015年版）、《七种错误社会思潮评析》（学习出版社2018年版）等书。

许 海◎著

社会意识视域中的
媒介舆论引导理论研究

人民日报学术文库

人民日报出版社·北京

图书在版编目（CIP）数据

社会意识视域中的媒介舆论引导理论研究／许海著
. —北京：人民日报出版社，2020. 2
ISBN 978－7－5115－5891－6

Ⅰ. ①社… Ⅱ. ①许… Ⅲ. ①传播媒介—舆论—研究
—中国 Ⅳ. ①G219. 2

中国版本图书馆 CIP 数据核字（2019）第 295612 号

书　　名：社会意识视域中的媒介舆论引导理论研究
　　　　　SHEHUI YISHI SHIYUZHONG DE MEIJIE YULUN YINDAO LILUN YANJIU
著　　者：许　海

出 版 人：刘华新
责任编辑：梁雪云
封面设计：中联学林

出版发行：人民日报出版社

社　　址：北京金台西路 2 号
邮政编码：100733
发行热线：（010）65369509　65369827　65369846　65363528
邮购热线：（010）65369530　65363527
编辑热线：（010）65369526
网　　址：www. peopledailypress. com
经　　销：新华书店
印　　刷：三河市华东印刷有限公司

开　　本：710mm×1000mm　1/16
字　　数：143 千字
印　　张：14. 5
版次印次：2020 年 3 月第 1 版　　2020 年 3 月第 1 次印刷

书　　号：ISBN 978－7－5115－5891－6
定　　价：89. 00 元

内容提要

为促进提升新时代新闻舆论传播力引导力影响力公信力，本书站在宏观的视角，把社会意识理论作为理解媒介舆论引导相关问题的理论源泉，努力拓展舆论和媒介舆论引导研究的高度与深度，主要由绪论、五个章节的主体部分和结语构成。绪论部分根据社会意识结构理论，阐明舆论在社会意识结构中的特殊位置及其特征，提出舆论的本质是一种可以具有多种社会意识特征的特殊社会意识，而构建社会意识是媒介的"元功能"，媒介引导舆论的深层根源在于二者都同社会意识密切关联，现代舆论的转向则深化了这种关联。

第一章根据社会意识来源理论，把社会存在作为舆论的根本来源，认为由于主观局限，舆论内容的"有限价值"特性是其需要引导的内在原因。

第二章根据社会意识要素理论，分析了媒介能够引导舆论的具体依据在于，媒介为舆论形成创造了舆论客体、舆论主体和舆论内容等基本条件，从理论上回答了媒介引导舆论的原因。

第三章根据社会意识运动理论，运用社会意识从低级向高级运动的规律，提出媒介舆论引导正是通过"诉诸理性"开展有针对性的引导，这体现在引导主体的"理性选择"、引导渠道的"理性组织"、引导内容的"理性结构"、媒介与舆论的"理性关系"和追求"理性秩序"的效果目标上。

第四章根据社会意识成分理论，提出当前媒介舆论引导需要结合舆论的意识要素，围绕利益、情感、价值三个基本方面，通过传播信息、抚慰情感、凝聚共识提升媒介舆论引导效果。

第五章根据社会意识建构理论，在把握当前媒介舆论引导从"宣传"到"说服"的趋势基础上，提出从思想理论宣传、新闻舆论宣传、文化艺术宣传三个方面构建实践工作体系，实现从"看得见"到"看不见"的引导效果。

结语部分根据社会意识作用理论，分析了媒介舆论引导的正面价值和负面局限，并在此基础上提出了媒介在当前环境下合理发挥舆论引导作用的建议。

目 录
CONTENTS

序：社会舆论与社会意识的流动及其互动 ················· 刘建明 **1**

绪论：社会意识理论——媒介舆论引导的方法论基础 ················· **1**

第一章　媒介舆论引导原因 ································· **17**

　第一节　"众人之论"：舆论的内涵与特点　18

　第二节　"有限价值"：舆论的历程与性质　23

第二章　媒介舆论引导依据 ································· **33**

　第一节　拷贝世界：提供舆论客体　34

　第二节　阅读公众：培养舆论主体　47

　第三节　传播整合：形成舆论内容　64

第三章　媒介舆论引导过程 ································· **74**

　第一节　主体特征：理性选择　75

第二节 渠道特征：理性组织 81

第三节 内容特征：理性结构 85

第四节 角色特征：理性关系 90

第五节 效果特征：理性秩序 97

第四章 媒介舆论引导方法 ………………………………………… **104**

第一节 传播信息，平衡利益关系 105

第二节 抚慰情感，满足心理需求 122

第三节 凝聚共识，推进价值认同 152

第五章 媒介舆论引导体系 ………………………………………… **172**

第一节 "引领风潮，释疑解惑"：思想理论引导 173

第二节 "提高舆论引导能力"：新闻舆论引导 181

第三节 "看不见的引导"：文化艺术引导 189

结语：媒介舆论引导反思 …………………………………………… **199**

参考文献 …………………………………………………………… **204**

后 记 ……………………………………………………………… **215**

序：社会舆论与社会意识的流动及其互动

刘建明

　　《社会意识视域中的媒介舆论引导理论研究》一书，是我国研究社会意识、社会舆论与媒介报道三者关系的第一本著作，深刻揭示了社会意识如何形成社会舆论，大众传媒对二者的互补和互动所产生的多重驱动力。全书观点新颖、体系完整、思辨深刻，是一部难得的舆论学力作。

　　正如本书所确认的那样，社会舆论是一种浮动意识，是社会意识的一种特殊形态。因而，社会舆论总是处于社会的外部空间，构成社会的表层意识。社会意识具有多层结构和丰富内容，无论是处于深层状态的科学、理论、伦理等思想体系，还是处于表层状态的感情、风俗、习惯等社会心理，最终都表现为社会舆论，并在人们的日常意见中得到反映。反之，透过社会舆论，人们又可把握科学、理论和伦理这类深层意识和各种表层意识形成的过程和它们的底蕴。本书把社会意识的结构和各层次之间的关系论述得十分清楚，这是研究社会舆论的根本前提。

　　舆论的浮动、张力和可塑性是社会舆论十分重要的特征，其他特征恐怕是许多社会现象的普遍性。由于社会舆论在社会空间中不断游移、浮动，是一种显著的流动意识，所以社会舆论与社会意识的互补和互动都体现为一种流动状态。一种舆论总是不断从某一社会空间向另一社会空间传播，传播速度之快并伴有波动是其他意识形式所不具备的。舆论流动借助心理传染和模仿机制，极大地增强了舆论的流量和强度，以至造成社会运动。特别是当人们对公共事务认识一致，一旦有多数人共同发表意见，在众人集结和大型聚会的舆论场，舆论流动将达到鼎沸的程度，许多社会运动都是这样促成的。正如黑格尔所说："因此无论哪个时代，公共舆论总是一支巨大的力量，尤其在我们这个时代更是如此，因为主观自由这一原则已经获得了这种重要性和意义。"

　　舆论有正确与错误之分，这是由舆论的类型、分布范围及主体的利益诉求和社会地位决定的。因此我们在给舆论下定义时，必须考虑舆论的各种分类、它的主体人数和分布的各种因素。有的舆论是几百万人的意见，仅在一个城市里流行；有的舆论是几千万人的意见，只在几个省市空间中诉说；有的舆论在占人口总数70%以上的人数（几亿或十几亿）中流动，声势浩大或历久弥坚。不能把舆论简单地称为众人的意见，众人的数量可多可少，分布的空间可大可小，他们的社会显赫程度有很大差别。任何制度、任何政权，如果不能体现民意、反映民意，站在民意的立场上，就不可能得到人民的拥护，这是被无数历史事实所证明的。所以，民心是最大的政治，正义是最强的力量。

在互联网条件下，存在非理性、侵犯隐私、群体极化、网络暴民等现象，尤其是群体极化现象突出，舆论呈现出更不易把握的非线性特征，这种内容本身的缺陷正是需要舆论引导的根本原因。作者以此破题，提出媒体舆论引导的问题，符合本书研究的逻辑。同正确的舆论和民意相反，有些舆论杂乱无章、主观武断，一些人仅凭自己的眼前所见和浮想联翩，就对社会现象做出结论、发表意见。这类错误舆论包括群体的偏见，荒谬的猜测和判断，误传的谣言和诽谤，以至出现群愤互感的社会情绪，进而导致少数暴民和集体暴力等问题。对混乱、错误的舆论，社会管理机构和大众传媒不能听之任之，而应时刻注意社会思潮的动态，观察社会话语和社会情绪的苗头，对可能形成错误舆论的社会意识加以引导，推动社会舆论健康发展。这就是许海同志写作这本专著的主要动机和要达到的目的，它对社会意识、社会意识形态的发展以及指导人们改造社会的实践，有不可低估的重要作用。

媒体对社会舆论的影响和建构，不只是发挥引导作用。从总体来看，媒介可以反映民意、反映社会的正确舆论，以至反映少数人的正确意见，让全社会知晓这种意见，成为社会意识的灯塔。媒体可以把分散的、微弱的来自群众的正确意见集中和组织起来，提升它的真理性和完备性，形成强大的社会意识，用它去指导广大群众的思想和行为。媒体可以把两种相反的舆论加以比较，对正确的舆论和错误的舆论进行对比分析，批驳错误观点的荒谬之处，指出如何认识社会问题和社会发展趋势，矫正社会意识中的错误倾向。媒体的一则报道可能诱发和刺激舆论，社会意识突然高涨，出现舆论高潮或舆论激荡。最后，媒体以正确的观点引导社会舆论的走向。但是，媒体对社会意识的引导只是一种运作，并不能驾驭社会意识的全部，难以影响整个社会意识的发展。

媒体同社会舆论的关系是驱动与被驱动的关系，即掌握和运用前面所说的媒介反映舆论、组织舆论、辨析舆论、诱发舆论、提升舆论和引导舆论的全部活动、机制和理论，只有这样才能达到对全部社会意识的认识、培育和掌控。这一切既在考察舆论流动中发现某些动因和契机，又在舆论主体和社会生活的互动中，探知舆论变动的方向和归宿。过去，虽然有些论著涉及这些问题，但没有演绎和深化其理论体系。本书正是一部研究媒体通过驱动舆论来影响社会意识的系统理论著作，开辟了舆论研究的新领域，这一学术贡献和创新，势必引起相关领域的注意和借鉴。

本书研究的范畴广泛，触及许多社会重要问题，提出的某些重要观点引人深思。比如媒介建构社会意识的元功能、拷贝世界的特征、舆论引导的辩证思想、社会转型期的特征、社会发展的精神资本、召唤结构和认识结构等命题，颇有新意。如能在当前基础上，对这些舆论学知识及其理论进行深思熟虑，并挖掘其理论深度，揭示出社会意识的深刻渊源，无疑将进一步提高本书的理论价值和实践指导意义。

2019 年 6 月于永定河畔寓所

（作者为清华大学新闻与传播学院教授、博士生导师）

绪论：社会意识理论——媒介舆论引导的方法论基础

"没有国库，没有卫兵，没有军队，但是这里制定法律，甚至在国王的王宫里也要遵守这些法律。但是，这里千真万确地没有任何东西。"

——〔法〕内克尔

在人类社会的历史发展中，舆论是一种十分独特的现象。一般看来，舆论的面貌多变，作用时大时小，表现时强时弱，经常给人以不易把握的印象。对于舆论的特殊作用和影响，罗马尼亚话剧《公正舆论》中有一段拟人化的台词表达得十分巧妙："他是个奇怪的人物。你可以同时在任何地点，在所有的地方遇到他。在城市，在乡村，在火车里，在大街上……他以各种不同的面貌出现：有时是工人，有时是农民、战士或是大学生……他有各种不同的年龄：年岁不大，或上了年纪。他有时是妇女，有时是男人，但他无所不知，无所不察，什么事情也休想逃过他的眼睛，什么人也骗不了他。"这段话生动地指出了舆论具有多样的表达主体、广泛的影响范围、丰富的表现形式和对现实的敏锐感应，艺术化的表达方式更进一步增加了舆论的神秘莫测性。

但舆论在社会中具有很大的作用，作为社会群体相对一致的评价性意见，舆论具有道德规范、意识整合、社会监督等多种功能，对于政治稳定、经济发展乃至文明进步都具有重要影响。有的舆论能够激励人们积极向上，促进整个社会的发展；有的舆论则会扰乱人心，使社会处于混乱无序状态。与此同时，舆论发挥影响的方式十分特殊，它涉及面广泛，"一切想引起人们注意的人都不得不出现在它面前：它就是公众舆论"。但又没有明确的主体指向，"没有国库，没有卫兵，没有军队，但是这里制定法律，甚至在国王的王宫里也要遵守这些法律。但是，这里千真万确地没有任何东西"。① 正是看到了这种巨大作用和影响以及作用方式的特殊性，马克思把舆论称为一种"普遍的、隐蔽的和强制的力量"。总之，一种特殊的社会意识和文化现象，正是舆论表现出的总体特征。

分析舆论和媒介舆论引导问题首先需要正确理解舆论，把握舆论的本质特征，而要准确理解事物和对象，"这首先就是要把

---

① 〔德〕哈贝马斯：《公共领域的结构转型》，曹卫东等译，上海：学林出版社，1999年版，第100页。

某一概念放在一个更广泛的概念里"。[①] 逻辑学的启示在于，把握上位概念，有利于把握种概念的特征。舆论作为社会意识的一种表现形式，本质上符合社会意识的特征和发展规律，媒介舆论引导需要在遵循和运用这些规律的基础上才能取得较好效果，这就有必要从社会意识出发来把握舆论的特点。

一、作为特殊社会意识的舆论

在马克思主义哲学中，意识是人脑对于客观物质世界的主观反映，是感觉、思维等心理过程的总和。社会意识则是人作为社会主体在社会生活、社会行为和社会运动中所表现出来的各种意识。在社会意识体系中，社会心理是低水平、低层次的社会意识，它是在日常生活和交注中自发形成的、不系统的、不定型的社会意识，表现为感情、风俗、习惯、成见、自发倾向等。高水平、系统、定型、经过组织的社会意识被称为"意识形式"，包括政治法律思想、道德、宗教、哲学、文学艺术、科学等。这是一种高层次的社会意识，是对社会存在系统的、抽象的和自觉的反映，表现为各种思想体系，是社会意识的高级部分。意识形态是社会意识体系的一部分，是自觉地、直接地、系统地反映社会经济形态和政治制度的思想体系，是社会意识诸形式中构成观念上层建筑的部分，本质是反映一定阶级或社会集团的经济政治利益的系

[①] 转引自刘建明：《基础舆论学》，北京：中国人民大学出版社，1988 年版，第 11 页。

统化、理论化的思想观念体系，是一定阶级或社会集团的政治思想、价值标准和规范的思想基础。

按照社会意识的结构层级来看，舆论在社会意识体系中处于社会心理和社会意识形式的结合部。作为社会意识形式的一种，舆论具有和其他社会意识形式共同的特点，都体现出社会存在的第一性、相对独立性和对社会存在的反作用。但是，舆论作为一种特殊的意识形式，更重要的是有自身独有的特征。舆论在社会意识结构中既有社会心理的感性特征，又有社会意识形式的理性特征，体现出一系列的复杂特点。

第一，具有明显的模糊性。"既清晰又模糊"，是人对外界精神环境的把握特征，也是舆论本身的特点。在李普曼看来，"这些其他人头脑里的想象，他们自己的情况，他们的需要、意图和关系等等都是他们的舆论"。[①] "他们的舆论"对个人来说实际上是舆论环境，它既是客观存在的，又是难以明确定位其主体、范围和影响力的，给人以广泛无名的感觉。同时，舆论的触角涉及社会现实的方方面面，经常是一种针对当下社会事务的及时性评价。这种评价不仅受主体价值观、情感、利益关联的影响，也与对舆论客体的了解程度、舆论主体能力密切相关，并非都是对事物的客观理性和准确判断。甚至有时舆论个体对这种评价性意见的质量并不自信，只有当汇入群体的洪流后这种意见才得以坚持和大量传播，这种现象正从一个侧面反映出舆论自身的模糊性。

---

① 〔美〕李普曼：《舆论学》，林珊译，北京：华夏出版社，1989年版，第19页。

第二，具有很大的浮动性。从意识主体角度来分类，社会意识可以分成社会整体意识、社会群体意识和社会个体意识三种形态。其中，"社会整体意识"是这个社会的主导者对社会存在的整体反映；"社会群体意识"是社会众多群体（各种阶级、阶层、社会集团、职业群体）对社会存在的反映；"社会个体意识"是由不同个人的实践和社会地位所决定的具有个人特点的社会存在的反映。① 结合舆论的形成过程来看，在潜舆论阶段，舆论首先体现为社会个体意识，带有个人心理和情绪的特征；在舆论形成和发展过程中，这种个体意识融合而表现为群体意识，成为一种公共的意见和评价，从而具有了社会意识形式的特征；一些舆论随着传播范围的扩大，成为影响广泛的社会整体意识，乃至经过系统完善化的舆论被吸纳进入社会意识形态，体现出意识形态的特征。因此，舆论可能具有从社会心理到意识形态的特征，但又不定于某种特定形式，这种浮动性是作为社会意识的舆论的重要特点。

第三，具有鲜明的矛盾性。从整体上看，舆论具有多种矛盾属性并存的特征。在主体上，民间主体和精英主体并存；在形成过程上，自发形成与自觉造成并存；在形态上，单一形态与多样形态并存；在质量上，片面错误与局部真理并存；在倾向上，正面积极与负面消极并存；在影响上，边缘微弱与主导强大并存。这些矛盾特征常常使人难以把握舆论的本来面目。

---

① 程世寿：《公共舆论学》，武汉：华中科技大学出版社，2003 年版，第 70 页。

第四，具有相当的可塑性。从以上特点可以看出，舆论是一种尚不定型的浅表性社会意识，因此，对它的分析定性、评价鉴别乃至组织引导十分重要。舆论的形成和发展、舆论本身质量和舆论的社会影响都具有较大的弹性，引导得当会产生良性社会效果，引导不当则会导致恶性社会效果，这对加强舆论引导和提高舆论引导能力提出了更高的要求。

因此，从社会意识的角度来看，舆论具有特殊的社会意识层级和特征，这使它具有从初级社会意识形式到高级社会意识形式乃至意识形态的某些特征，又不囿于任何一种特定意识形式。从这个意义上来看，舆论的本质是具有多种社会意识融合特征的特殊社会意识，这就是舆论具有多面性特征的根本原因所在，也是舆论的"最大秘密"。

二、媒介建构社会意识的"元功能"

舆论的特殊性质决定了它需要引导，而引导方式按照不同的标准可以有多种分类：按符号载体，可以分为文字引导、图片引导、声音引导、视频引导等方式；按结构形态，可以分为信息引导、艺术引导、理论引导等方式；按传播类别，可以分为组织引导、人际引导、媒介引导等方式。在现代社会中，媒介在舆论引导中发挥了越来越大的作用。现代报纸的发展，特别是20世纪电子媒介的普及，以及以互联网为代表的新媒体技术的出现，使得通过大众媒介进行舆论引导成为主要的和基本的途径。分析媒介社会作用强大的原因，需要从社会意识的角度，把握媒介的本质和功能。

媒介的本意是"中介"，是传播信息的手段和工具。在现代社会中，媒介能够发挥传播信息、引导舆论、教育大众、提供娱乐的基本作用。如果上升到功能论的层次，如同拉斯韦尔、施拉姆等传播学者指出的那样，媒介具有环境监测、社会协调、文化传递、娱乐休闲和经济发展功能。这些功能既可以体现为维护社会稳定、推进社会发展、动员社会共同应对威胁、提高社会和个人文化水平、提高生活质量、促进经济进步等正向功能，也可以如同拉扎斯菲尔德与默顿等学者指出的那样，带来由信息虚拟环境造成的脱离现实、信息超载、麻醉精神、使人判断能力和审美水平下降、占用时间过多、媒介信息污染和文化侵略等负向功能。这些研究较为全面辩正地反映了媒介的客观作用和功能，对于加深媒介性质的理解和深化传播学研究具有重要意义。

从以上关于媒介功能的分析中可以看到，无论正面还是负面功能，实际上指的都是媒介所传递信息的功能。人们往往把媒介和信息"二位一体"地看待，把媒介所传递信息的功能当作媒介自身的功能。媒介和信息本身并不是同一个事物，但没有媒介，信息的这些功能也就无从在社会上发挥，因而往往被合而为一地看待。这种"媒介即信息"的特点也反映出传递信息是媒介最基本的功能。这可以从几方面来分析：从起源看，媒介产生于社会生活信息交换需要，是社会联系广泛发展的产物，本身是社会系统的组成部分；从性质来看，信息是以社会化符号为载体，这种社会化符号的性质和功能作用只有借助高度社会化的传播手段才能够实现，而媒介是专门集散信息的社会部门，具有广泛的社会性；从内容看，媒介以社会上具有传播价值对象的信息反映为传播内容，运用社会化生产方式，面向社会公众传播，并对社会发展状况产生一定的影响。这样，信息和媒介能够较好地结合到一起，媒介成为不同主体之间通过意识建立联系和精神交往的中间环节和手段，因而可以说，建构社会意识是媒介的"元功能"。

　　既然媒介具有构建社会意识的"元功能"，舆论作为一种直接面对变动现实的社会意识，在社会实践中发挥重要作用。马克思在《〈政治经济学批判〉导言》中讲到人掌握世界的基本方式时说："整体，当它在头脑中作为思想整体而出现时，是思维着的头脑的产物，这个头脑用它所专有的方式掌握世界，而这种方式是不同于世界的艺术精神的、宗教精神的、实践精神的掌握的。实在主体仍然是在头脑之外保持着它的独立性；只要这个头脑还仅仅是思辨地、理论地活动着。"① 马克思在这里指出了人掌握世界的四种方式，即理论认识方式、实践精神方式、艺术方式和宗教方式。实践精神是介于理论和实践之间的中间环节，是联系理论与实践的桥梁，它往往以方针、政策、路线、纲领、战略策略、计划方案、设计蓝图等形式出现，以改造外部世界对象和创造外

―――――――――――――

　　① 《马克思恩格斯选集》第2卷，北京：人民出版社，1995年版，第19页。

部世界所没有的崭新的客体为直接目标，也可称为实践观念。①可见，舆论就是这样一种重要的实践精神或实践观念，它通过对现实问题的评价直接对社会实践产生影响，媒介作为一种建构社会意识的中介，必然在以实践—精神方式改造社会的舆论引导中发挥重要作用。

三、现代社会环境下媒介与舆论互动的加强

马克思指出："物质生活的生产方式制约着整个社会生活、政治生活和精神生活的过程。不是人们的意识决定人们的存在，相反，是人们的社会存在决定人们的意识。"② 社会存在是社会意识的源泉，舆论作为社会意识的一种表现形式，必然也以社会存在为发生、发展和变化的终极根源。因此，社会从传统向现代的发展，同时也推动传统舆论向现代舆论转变。

1. 传统舆论与现代舆论的区别

根据对现代性研究的成果，传统型社会与现代型社会主要在经济基础上有自然经济和市场经济的不同，在主导产业上有第一产业为主和第二、三产业为主的不同，在劳动方式上有手工劳动和工业化生产劳动的不同，同时，在社会分工和社会分化程度、社会主要组织形式和社会关系、社会活动的主要场所、社会开放

---

① 赵家祥：《关于人掌握世界的基本方式》，《人文杂志》，2006 年第 5 期。
② 《马克思恩格斯选集》第 2 卷，北京：人民出版社，1995 年版，第 82 页。

程度、社会管理的权威基础和主要方式等方面也存在区别和不同。①

结合传统社会和现代社会的区别，可以看到，在现代社会环境下，舆论也发生了从传统舆论向现代舆论的变化。根据舆论的基本要素来看，传统舆论与现代舆论都存在明显不同。

第一，在舆论主体上，传统社会的舆论主体主要是极少数集团和组织、精英的看法普及后被当作舆论，主体并没有在大范围内形成，一般舆论主体理性程度普遍不高。而现代社会文化素质普遍提高，媒介培养了大量的"阅读公众"，人群因精神联系而对社会问题发表意见，从而舆论主体在大范围内形成。

第二，在舆论客体上，传统社会结构稳定，社会变动事件较少，引发舆论的客体不多。而现代社会节奏加快，发展日新月异，社会系统的复杂化使得社会问题增加，引发舆论的客体大为增多。

第三，在舆论内容上，传统舆论多是和政治、道德性内容相关，涉及面较窄。而现代舆论涉及社会生活的方方面面，政治、经济、文化、社会等无所不包，形成了丰富的舆论内容。

第四，在数量、持续时间和强烈程度上，传统社会舆论本质是一种群体意识，舆论环境变化很小，舆论数量较少，变化频率较小，容易形成高度统一，因此时间持续相对较长，除极少数外，一般为狭小的群体意识，不易形成大范围舆论，强度相对较小。现代社会因舆论客体多，具体舆论往往转瞬即逝，但在媒介的作

① 刘祖云：《社会转型解读》，武汉：武汉大学出版社，2005 年版，第 4—5 页。

用下，容易形成大范围的舆论风潮，舆论强度相对较大，甚至造成社会变革的严重后果。

第五，在意见质量上，传统舆论主体理性程度和对舆论客体的了解有限，意见理性成分较少。但在现代舆论中，舆论是有判断能力的公众在知情的基础上所进行的评价和判断，具有相当的合理性，意见质量得到极大提升。

第六，在社会影响上，传统社会的舆论还不是现代意义的公共舆论，它是一种传统观念形态或者风俗、时尚的体现，而且往往滞后于社会经济、政治、文化的发展，从而基本上是社会中的保守因素，一般是维持社会现状的力量。现代舆论对现实反应及时敏锐，充满了批判精神，对监督公共政策完善发挥着积极作用，现代舆论从隐性力量到显性力量，成为重要的社会精神现象和交往形态。

2. 现代媒介与舆论的互动

如果说经济基础和上层建筑是形成传统舆论与现代舆论差别的根本原因，传播媒介的不同则是直接原因。在传统社会中，由于生产力发展水平较低、政治不够民主、舆论环境封闭，缺少现代传媒工具，主要靠人际传播获得信息。就此，未来学家托夫勒指出："在一个没有报纸、广播和电视的世界里，讯息到达受众的唯一途径是人群，实际上，人群是第一种大众媒介……人群规模的大小本身就是一种讯息……这个讯息十分简明：'你并不孤独。'（它也可能存在极大的破坏性）因此，人群在历史上起过决定性的作用；然而人群也好，乌合之众也好，作为一种传播媒介，它通常是一种短期性的媒介。"① 这表明，传统舆论以人际口头传播为主，"人群"便是那个时代的大众媒介，口头传播的缺陷使得传统舆论具有狭隘群体性。因此，没有现代媒介，就难以形成大范围理性的舆论主体，无以知晓丰富多彩的舆论客体，不能形成丰富多样的舆论内容，相应地，舆论的质量、社会影响和精神品质上也就难以达到现代社会需要的高度。从这个角度上可以说，现代媒介产生以前的舆论，都是传统意义上的舆论。

　　但是，随着现代媒介的发展，舆论发生了一系列变化，舆论的形成、发展、消失变得司空见惯了。在现代信息环境下，媒介涉及舆论要素的每一个方面，媒介使得社会中的信息客体增多，精神交换频率加快，意见整合速度提高，没有大众媒介就没有现代舆论及其流动。因此，马克思也把当时的主要媒介——报纸，称为"广泛的无名的社会舆论的机关和舆论的纸币"。在现代媒介环境下，在舆论的每一个发展阶段，大众媒介的作用无时不在：在事件发生之初，大众媒介向人们不断提供信息，介绍事件情况，成为舆论的实际来源；在舆论的意见传播阶段，媒介提供公共平台，汇聚各种观点和看法；在意见整合阶段，媒介表达自身的观点和意见，用全面的解释和权威的评价影响主流意见的生成；在舆论发展后期，公共舆论无论是分解、融合、潜伏还是消散，大

---

① 转引自陈力丹：《舆论学—舆论导向研究》，北京：中国广播电视出版社，1999 年版，第 58 页。

众媒介也都不可避免地要施加影响。媒介在舆论活动中的作用涉及各种舆论要素，在一定意义上讲，媒介已经成为现代社会舆论的组织者和集散中心。

同时，舆论对于媒介的发展也有积极作用，在媒介促进舆论形成、发展和传播的同时，舆论也促进了媒介的发展和壮大。现代媒介发展的契机就是在社会由传统向现代转型之际，社会舆论大为发展、舆论在社会中的影响力大大增强的形势下产生的。而且，媒介的发展也要遵循舆论发展变化和传播规律，才能不断提高自身公信力和竞争力，赢得更大发展。在现代舆论中，媒介与舆论常常交融互动，难分彼此，互相创造。

因此，现代社会中媒介与舆论的互动进一步加强了二者的联系，凸显了媒介在舆论引导中的位置。这种联系的基础在于二者都与社会意识紧密关联的共性。一方面，舆论是一种特殊的社会意识系统；另一方面，媒介以建构社会意识为元功能。当前，在"社会媒介化"的背景下，媒介作为社会信息的传达中枢，在现代舆论的生成、发展中都具有不可替代的作用，在建构主观世界，影响生活方式和社会实践方面发挥着越来越大的影响，这也必然使媒介在引导舆论中发挥主要作用。

四、执政能力视角下的媒介舆论引导

新时代社会舆论格局的变化和媒介功能的多样对加强媒介舆

论引导提出了更高要求，媒介舆论引导能力不仅是思想意识建构能力，更是党的执政能力的组成部分。党的执政能力，是党提出和运用正确的理论、路线、方针、政策和策略，领导制定和实施宪法和法律，采取科学的领导制度和领导方式，动员和组织人民依法管理国家和社会事务、经济和文化事业，有效治党治国治军，建设社会主义现代化国家的本领。在我国现代转型社会背景下，加强媒介舆论引导，对实现执政目标具有重要意义。

提升执政能力需要善于优化各种执政资源。从宏观上看，执政资源是执政党为实现执政目标可运用的各种有利因素和条件的总和，体现出阶级性、稀缺性、价值性、成本性、可变性、系统性等特点。从共时的视角看，执政资源可按不同性质分为政治、经济、文化、社会资源。其中，政治资源是执政资源的核心，包括权力资源、组织资源、制度资源、意识形态资源、军事资源等。经济资源是执政党执政的经济基础，包括自然资源、产业资源、财税资源等。文化资源是执政资源的精神体现，包括思想资源、科技资源、信息资源等。社会资源是党执政的社会基础，包括民意资源、群众资源、人才资源、社会组织资源、社会环境资源等。这些不同门类的资源，是执政党治国理政的必要条件，发挥着维持国家和社会正常运行发展的重要作用。

从历时的视角看，执政资源可分为历史资源、当前资源、未来资源。历史资源是执政党在发展壮大和执政实践过程中积累和拥有的各项资源，是政党执政的历史依据，这些资源在物质层面、精神层面、制度层面都有所体现。当前资源是执政党目前所掌握和运用的资源，是在当下执政过程中发挥实际作用的资源，涉及各种政治、经济、文化、社会资源。未来资源是执政党将来能够获得和占有的资源，是保障长期执政的必要条件。当然，这种分类可能会有交叉，如有些当前资源中包含历史资源，也可能成为未来资源的组成部分，但三者并不等同，历史资源并非都能成为当前资源，未来资源也可能并非都比当前资源规模更大或质量更高，这使三者的关系呈现错综复杂的状态。同时，在时间层面，执政资源还可分为传统资源和新兴资源。传统资源是相对新兴资源而言，新兴资源是随着时代发展出现的资源，其"新"之处在于时代内涵新、结构形态新、获取方式新，同样是执政党不可或缺的重要资源。

无论从共时还是历时视角，媒介舆论引导资源都是各类执政资源中的重要组成部分。当前，不仅要以防止流失为重点，激活保护历史资源，以提升效能为核心，整合优化当前资源，更要以转变方式为方向，开发拓展新兴资源。这是因为，如果说历史资源和现有资源都可以认为是存量资源，那么激活维护与整合优化也都可以认为是一种"存量调整机制"，这种思路使既有资源的效用得以充分发挥，新兴资源则可以按照"增量转换方式"的思路，开发拓展新增的执政资源。目前，在新兴资源中有两类需要重点拓展。一是开发运用新媒体资源，创新管理方式，加强对新媒体舆论产生、传播、整合与引导规律研究，努力在新媒体环境中发出主流声音，为执政资源增加新媒体砝码。二是拓展扩大国际传播资源，在增强综合国力的同时，注重"软实力"和"巧实力"的运用，提高社会制度、价值体系、文化内涵等方面的吸引力，大力开发国际组织资源、国际资本资源、国际人才资源为己所用，为我国发展营造更好的国际舆论环境。因而，从党的执政能力建设高度层面来优化包括媒介舆论引导资源在内的丰富执政资源，是当前和今后一个时期的重要课题。

　　本书主要涉及的社会意识理论包括社会意识结构理论、社会意识来源理论、社会意识要素理论、社会意识运动理论、社会意识成分理论、社会意识建构理论和社会意识作用理论等。在接下来的主体部分中，将在以社会意识理论分析舆论的本质和媒介的本质基础上，按照媒介为什么可以引导舆论、媒介引导舆论的特点是什么、媒介怎样引导舆论的线索，具体展开媒介在舆论引导中的原因、特点和方法，努力把媒介舆论引导研究推向深入。

第一章　媒介舆论引导原因

"公共舆论中真理和无穷错误直接混杂在一起，所以决不能把它们任何一个看作的确认真的东西。"

——〔德〕黑格尔

在哲学中，"意识"是与物质相对应的范畴，是与物质存在对立统一关系的精神现象。列宁指出，物质是"标志客观实在的哲学范畴，这种客观实在是人通过感觉感知的，它不依赖于我们的感觉而存在，为我们的感觉所复写、摄影、反映"。这个定义后半部分"为我们的感觉所复写、摄影、反映"表明，意识是人脑的机能，是对客观存在的主观映像，它不仅是思维主体对客观事物的认识，也是人所特有的一种对客观现实的高级心理反映形式。舆论就是这样一种社会意识，它来源于社会现实，又是对社会现实的主观反映。由于反映者自身能力素养和所获取的信息与现实之间的差异等原因，舆论天然具有很多缺陷，需要加以引导。

第一节　"众人之论"：舆论的内涵与特点

开展舆论引导首先需要把握舆论最基本的特征，舆论最基本的特征不仅是把握舆论的核心要点，也是舆论引导必要性的内在原因。在现实中，社会舆论往往呈现出混杂性、自组织性、处于耗散状态的面貌，体现出"有限价值"的总体特征。这可以从舆论的概念内涵和历史发展来分析。

一、舆论的内涵

分析舆论的内涵，可以从"舆"的基本字义把握开始。"舆"可以有名词、形容词和动词的不同义项。作为名词，"舆"的本义是车，后因物及人而指车夫，逐渐成为指古代奴隶中的一个等级，继而扩大为泛指地位低微的人，后用以泛指众人。此外，舆还有"地道"的意思。《说文解字》认为，"堪，天道，舆，地道"，后泛指疆域、地图。作为形容词，舆有"众、多"之意，《广雅》解释：舆，多也。作为动词，"舆"有抬、运载之意。因此，从各种义项看，"舆"带有鲜明的民间性、基础性、集体性特征。"舆论"最基本的意思是"众人的议论、看法和意见"。

　　中国传统舆论的基本意义和西方早期对舆论的理解有相似之处。根据考证，从词源的角度来看，意见"opinion"来源于希腊语"doxa"或"doxeo"，意指猜想，以及表面的看法、显现。德国学者哈贝马斯认为舆论的本源上的意思包括两个方面：一为社会的名誉，一为民众的意见，这都和群众性口头传播有关，且所述说的内容都含有浅表性、易变性等特点。这两个原始意义的共同特点是具有群体性质和模糊不确定性，形成的是相比于真理、理性没有得到充分论证的不确定的判断。现代的"opinion"含义与本义相比有所扩展，指"对特定事物的观点、判断或评价""弱于知识，强于印象的信念""被称为确实的东西而广泛流行、普遍接受的观念"等。从这些意见的本义可以看出，"意见"既不等同于真理，又不是与真理绝对对立的，而是既具有合理性，又充满偶然性，包含无知和曲解，以及错误的认识和判断。① 对舆论本源意义的分析和概念的界定即可以见出，舆论表达的内容并非对事物的深入认识和把握，而是具有通过非正规渠道传播和变化无常的特点。这从中国古代的一个事例中可以见出。

　　《左传》记载，郑国子产是一位十分开明的政治家，提倡人们自由议政，善于听取舆论的批评意见，这在不毁乡校的故事中得到了体现。《左传·襄公十一年》载：郑人游于乡校，以论执政。然明谓子产曰："毁乡校何如？"子产曰："何为？夫人朝夕退而游焉，以议执政之善否。其所善者吾则行之，其所恶者吾则

---

　　① 程世寿：《公共舆论学》，武汉：华中科技大学出版社，2003年版，第122页。

改之，是吾师也，若之何毁之！吾闻忠善以损怨，不闻作威以防怨。岂不遽止？然犹防川，大决所犯，伤人必多，吾不克救也。不如小决使道，不如吾闻而药之也。"可见，子产十分注重舆论的力量，主张疏导舆论，以之为祛病之药石。

但是，子产并不是一味顺从于舆论，而是理性分析看待它们。《左传·襄公三十年》在子产执政初期，"作封洫，立谤政，制参辟，铸刑书"，一开始遭到舆论抵制，"国人谤之曰：'其父死于路，已为虿尾，以令于国，国将若之何？'子宽以告，子产曰：'何害！苟利社稷，生死以之。且吾闻为善者不改其度，故能有济也。民不可逞，度不可改也。'《诗》云：'礼义不愆，何恤于人言！'"（《左传·昭公四年》）虽认为郑人"是吾师也"，但子产在国家大义面前，仍然坚持"民不可逞"，对舆论不可盲从，在这种理性的态度下，各种措施照旧推行，郑国由乱而治，舆论最终站到了子产这边："从政一年，舆人诵之曰：'取我衣冠而褚之，取我田畴而伍之。孰杀子产，吾其与之！'及三年，又诵之，曰：'我有子弟，子产诲之。我有田畴，子产殖之。子产而死，谁其嗣之？'"从子产的故事中我们可以得到启示：舆论并非对事物和现象的深刻认识，具有浅表性和变化无常的特征，作为舆论引导者，需要理性看待舆论，既不忽略，也不盲从，而是在事实的基础上积极引导，最终会使舆论发挥积极作用。

二、舆论的特点

在哲人眼中，舆论从来就是需要认真分析的。古希腊哲人克塞诺芬尼提出："要把意见当作或然性的东西。"他的学生巴门尼德更加明确地区分开意见和真理，他把意见判给"凡夫俗子"们的日常舆论，而把真理视为只有哲学家们借助理性才能攀登的山峰。柏拉图进一步分析了意见的特性，指出："意见是介乎于知识和无知之间的东西。意见的对象是事物的或然性，是变动不居的表面现象，只有超越意见的表面性和或然性，才能获得真知。"[①] 可见，在古希腊哲人眼中，"意见"从来就是需要和真理区别看待的。

后来的哲学发展更加深刻地分析了舆论的特征。如同黑格尔所说："公共舆论是人民表达他们意志和意见的无机方式。在国家中现实地肯定自己的东西当必然须用有机的方式表现出来，国家制度中的各个部分就是这样的。但是无论哪个时代，公共舆论总是一支巨大的力量，尤其在我们的时代更是如此，因为主观自由这一原则已经获得了这种重要性和意义。现时应使有效的东西，不再是通过权力，也很少是通过习惯和风尚，而确是通过判断和理由，才成为有效的。"黑格尔在肯定舆论的同时也否定了舆论，一方面舆论是一支重要力量，它通过理性判断促进了社会问题解

---

① 徐向红：《现代舆论学》，北京：中国国际广播出版社，1991年版，第86页。

决；另一方面，舆论仍然是人民表达自身的"无机方式"，而在国家层面的表达更需要"有机方式"。因此，黑格尔认为公共舆论既值得重视，又不值一顾，"不值一顾的是它的具体意识和具体表达，值得重视的是在那具体表达中隐隐约约地反映着本质的基础"。① 马克思也指出了德国庸俗市民舆论的摇摆性和肤浅性，并要求和这种舆论斗争，认为只有经过引导的理性规范舆论才是真正具有自由民主精神的人民舆论。

一些文化精英人物注意到了舆论的影响过于强大，会对个人造成精神压力，减少了个人思考的成分，增加了盲从性，因此批判了舆论中的不合理成分对人的影响。捷克作家米兰·昆德拉认为接受舆论会隐藏自己的真实心态和看法，是一种媚俗，他批判性地指出："脑子里留有一个公众，就意味着生活在谎言之中。""这个世界可以没有弗洛伊德的心理分析学说，但是不能没有抗拒各种泛滥思潮的能力。这些洪水般的思潮输入电脑，借助于大众传播媒介，恐怕会凝聚成一股粉碎独立思想和个人创造的势力。"② 这和黑格尔把舆论看成是中等智力人的意见，不能太过于重视的看法一致，他明确指出："公共舆论中真理和无穷错误直接混杂在一起，所以决不能把它们任何一个看作的确认真的东西。"这些看法都从另一个角度指出了舆论中的不合理因素的存

---

① （德）黑格尔：《法哲学原理》，范扬等译，北京：商务印书馆，1961 年版，第334 页。
② 转引自陈力丹：《舆论学—舆论导向研究》，北京：中国广播电视出版社，1999 年版，第 7 页。

在和对人的不利影响，也表明了舆论的有限价值本质已被充分认识。

第二节 "有限价值"：舆论的历程与性质

如果说对舆论内涵的分析还限于理论方面，那么对舆论在历史发展阶段上的实践情况分析则能进一步体现舆论有限价值的特点。总体来看，舆论经过了原始舆论、传统舆论、近现代舆论和当代新媒体环境下的舆论等发展阶段，每个阶段都有自身的特点。

一、原始舆论的强大与蒙昧

在原始社会中，人类按照血缘关系结成氏族部落，生存是第一要务，在法律、制度极端不完备的情况下，舆论承担着维系部落群体价值准则、行为方式的重要使命，影响十分强大。为此，马克思指出："氏族制度是从那种没有任何内部对立的社会中生长出来的，而且只适合于这种社会。除了舆论以外，它没有任何强制手段。"①

可见，在特殊的社会条件下，这种舆论可以强大到消除任何对立，形成氏族内部高度团结统一的局面。但是，由于生产力极

---

① 《马克思恩格斯选集》第4卷，北京：人民出版社，1974年版，第165页。

度低下，人们对自然和社会的认识尚处于萌芽阶段，这种舆论往往和原始巫术、宗教联系在一起，具有强大而蒙昧的特征。在原始社会，人们初步开始把自己同自然区分开来，形成自我意识，但由于自然力的强大，人类力量还很渺小，在"万物有灵"观念的基础上，人们逐渐产生出以自然物为崇拜对象的原始宗教，并借助巫术的力量得以传播。原始舆论中的很多内容往往直接与宗教、巫术联系在一起，具有明显的蒙昧特征，在原始部落中，目前仍然有巫术活动的遗迹，可以反映当时的情况。以研究原始巫术活动为主要对象的《金枝》曾记载：为了猎获某种动物，原始部落常常会在集体出发之前举行某种象征性仪式，模拟得胜的场景，并在特定的岩壁上画上动物中箭受伤的图像，以此作为凝聚部落信心的重要手段。可见，虽然蒙昧，但这种舆论却在当时的情况下具有强大的功能，发挥着心理慰藉、群体凝聚、价值判断的重要作用，对早期人类战胜恶劣的生存条件，赢得自身发展起到了积极作用。

二、传统舆论的广泛与被动

进入封建社会后，法律制度逐渐完善，但舆论仍然有着广泛的影响，具有社会控制的作用。在一般意义上，"社会控制"是社会组织运用社会力量对人们的行动实行制约和限制，使之与既定的社会规范保持一致的社会过程。在美国学者罗斯看来，舆论和法律、信仰、社会暗示、宗教、个人理想、礼仪、艺术乃至社会评价等一样，都是社会控制的手段，是达到社会和谐与稳定的必要措施，而且在社会控制中具有突出地位。传统社会的舆论具有广泛的社会影响，发挥了社会控制作用。

但是，这一时期舆论的理性还很有限。首先，这体现在它和宗教巫术仍然有着密切关联。在封建社会，宗教由自然物崇拜逐渐发展到以社会关系的人格化崇拜为对象。我国古代经常会举行以人格化神为尊崇对象的各种祭祀活动，在这些活动中，皇帝成为大巫师，并且造成了社会上具有巫术色彩的舆论。

其次，在舆论发展的历史中，传统舆论虽然具有广泛的影响，但从舆论发生的顺序来看，传统舆论往往是自上而下的舆论，经常是被启发诱导的结果，具有很强的被动性，明显滞后于现实发展，具有保守的特点，理性程度相对有限，体现出狭隘的群体性。据历史记载，三国时期，董卓奉命进京平乱，但当时他的军队很少，不过三千，恐怕不能震慑当地军民，为了掩人耳目，欺骗舆论，董卓便想出一计，"更深夜静，发兵潜出，待至晨归，大张旗鼓，趋入营中，伪言西兵复至"，他少数军队不断出入城门的做法果然欺骗了舆论，于是京中盛传董卓军队不少，而且还在日夜增兵，不知多少。此外，曹操、司马懿、司马昭等人也都曾用这种方法诱导舆论，鼓舞士气。从这些事例中可见传统舆论其实具有很大的被动性。

最后，由于理性的缺乏，传统舆论有时甚至是完全错误的，以致造成不幸的后果。这种舆论虽然也很强大，但却是被刻意安排的。在明朝后期就发生过这样的悲剧。当时明朝处于风雨飘摇之中，皇太极的军队已经逼近京城，展开了几场大战。袁崇焕是当时抗击敌军保卫明朝的中流砥柱。皇太极在久攻不下的情况下，实施反间计，捕捉了两名明宫太监，然后故意让两人以为听见将军之间的耳语，谓袁崇焕与满人有密约，皇太极再放其中一名太监回京禀报。明思宗果然中计，以为袁崇焕谋反，将袁崇焕逮捕入狱。囚禁审讯半年后，被处以残酷的"碟刑"。时京城人都以为袁崇焕为汉奸，群情激愤，喊杀之声不绝于耳，而且"刽子手割一块肉，百姓付钱，取之生食。顷间肉已沽清。再开膛出五脏，截寸而沽。百姓买得，和烧酒生吞，血流齿颊"。

从以上事例看来，传统舆论具有广泛但被动的特征，虽然有时强度和范围很大，但需要认真分析和看待。

三、近现代舆论的理性与局限

自 18 世纪以来，在民主与科学的旗帜下，巫术和宗教的影响逐渐减弱，随着经济发展方式的改变，社会需要更多信息和意见交流，舆论开始显现出它独特的能量与作用。伴随着教育的普及、思想交流环境的宽松和媒介的发展，舆论逐渐向现代舆论发展，理性程度显著增强。"舆论"也不仅限于指民间的意见，而是成为不同社会群体意见的代称，非民间的高层次社会群体也有其意见表达，这使得舆论更加丰富多样。也正是从这一时期开始，舆论现象作为一种主要的社会精神现象和社会交往形态，得到了哲人们的持续关注。

1762 年，卢梭在《社会契约论》中，首次将拉丁文字体系中的"公众"与"意见"两个词联系起来，用以表达人们对于社会公共事务的意见，即"舆论"，认为它是正规法律以外的法律。"既不是铭刻在大理石上，也不是铭刻在铜表上，而是铭刻在公民们的内心里的；它形成了国家的真正宪法，它每天都在获得新的能量；当其他的法律衰老或消亡的时候，它可以复活那些法律或代替那些法律，它可以保持一个民族的创新精神，而且可以不知不觉地以习惯的力量代替权威的力量。我说的就是风俗、习惯，尤其是舆论。"① 同时，休谟、洛克等也表达了这样的观点，表现了对现代舆论的高度重视。

但是，即使是理性程度大为增强的近现代舆论，也是一种特殊的社会自在的精神形态，仍具有相当的局限性。卢梭在肯定舆论重大意义的同时，也看到了舆论中包含的缺陷，即和永远正确的公意相比，众意带有特定群体的私利成分，因为"人民的考虑并非永远正确，人民也会被腐蚀，也会受骗"。卢梭的观点实际上包含了后来在现代舆论上持"自由主义"舆论观和"现实主义"舆论观的两种趋向。

自由主义舆论观从集体智慧大于个人智慧，多数人看法的合

---

① 〔法〕卢梭：《社会契约论》，何兆武译．北京：商务印书馆，1987 年版，第 73 页。

理性更强的观点出发，对舆论持肯定态度，认为舆论是"在民主制度下争论政治问题时的理性讨论"，甚至认为由于舆论的重大作用，"权力将臣服于道德之下，武力将受民意指挥"。但以李普曼为代表的人认为"舆论是可以操纵的"，舆论世界是人在无法和外界直接接触时不得不转而求之的世界，不过由于舆论世界是由检察保密制度、人们的接触机会、时间精力和注意力、语言传播的速度与质量等多种因素决定的，是充满固定的成见和偏见、知识盲点，以及僵化信条和陈规陋俗，虚幻的、想象的世界。①美国的卡莱尔说："舆论是世界上最大的谎言。"英国的罗伯特·皮尔认为："所谓舆论，就是愚蠢、软弱、偏见、正确、错误、固执己见以及报纸文章的大杂烩。"汉密尔顿也认为："人民是扰攘多变的，他们的判断和决定极少正确，他们的意见也只是诉诸情感而已。"

　　这两个方面的舆论观点都有合理性和片面性，比较全面的看法是认为舆论是包含正确与错误成分的混合体，黑格尔是这种观点的典型代表。在"越战"之后，美国"新自由主义"舆论观通过大量的实证研究指出，舆论确实是影响美国国家行为的重要因素之一，公众的观点并没有出现非理性的起伏不定的现象。一些学者认为，在信息量适当的情况下，大多数选民是具有足够理性的，这是一种低信息量的理性，即以某种最经济的方式将以往经

---

① 参见李希光：《软力量与全球传播》，北京：清华大学出版社，2005 年版，第125 页。

验、日常生活、媒体报道等信息进行综合形成判断的理性。[1] 相比于自由主义对舆论期望过高的看法，新自由主义意识到了舆论合理发挥作用的种种条件，在认识到其合理性的同时也认识到了局限性。

四、当代舆论的自由与混杂

在当代新媒体环境下，传统的传播模式被颠覆，传播主体、传播内容、传播渠道、传播对象和效果都发生了显著变化，每个公民都可以既是受者，又是传者，意见和观念在网络虚拟空间内自由交流，并且能对现实发生实际影响。根据人民网舆情监测室[2]的研究，近年来，凭借互联网"所有人对所有人的传播"优势，对中国社会发展中的种种问题畅所欲言，能在极短时间内凝聚共识，发酵情感，秀发行动，影响社会。据中国互联网络信息中心发布的第 44 次中国互联网络发展状况统计报告，截至 2019 年 6 月，中国网民规模达到 8.54 亿，较 2018 年年底增长 2598 万，互联网普及率达 61.2%，较 2018 年年底提升了 1.6 个百分点。手机网民规模达 8.47 亿，较 2018 年年底增长 2984 万，网民使用手机上网的比例达 99.1%，较 2018 年年底提升 0.5 个百分

---

[1]　参见李希光：《软力量与全球传播》，北京：清华大学出版社，2005 年版，第 129 页。

[2]　2017 年更名为"人民网舆情数据中心"。

点。互联网普及率和手机上网比例都远超过世界平均水平。网民的表达意愿和参与意识持续高涨，踊跃发声建言，显示出巨大的舆论能量。这种趋势进入 21 世纪以来就日益明显，人民网舆情监测室对 2009 年 77 件影响力较大的社会热点事件的分析表明，其中由网络爆料而引发公众关注的事件有 23 件，约占全部事件的 30%。也就是说，约三成的社会舆论因互联网而兴起。[①] 特别是在传统媒体因为种种原因缺席或反应迟钝的情况下，互联网孤军深入，成为网民自发爆料和集结舆论的平台。

　　正如有学者指出的那样，这种新的传播环境改变了以往信息被垄断的局面，具有促进民主的积极意义。以网上爆料的福建招聘事件为例，几年前福建省某县财政局的招聘中，列出的苛刻条件使得只有 1 人能够报名，并且因此无须考试而被直接录取。网友质疑此次招聘为"量身定做"，在网上引起热烈反响。在网络舆论的压力下，当地县委、县政府责令县人事局取消此次招聘行为，退回被聘人员，并要求县纪委、县监察局开展调查，视其情况依法依规对有关人员进行处理。后经查明，时任县财政局局长、县人事局局长在招考聘用过程中确有失职，对他们做出停职检查决定，并继续开展调查，依法依规处理。同时，要求各级各部门引以为戒，深刻反思，正确履职，公正办事，坚决杜绝类似失职行为的发生。在这起事件中，网络媒体一定程度上成为民众表达

---

① 祝华新、单学刚、胡江春：《2009 年中国互联网舆情分析报告》，人民网舆情监测室资料。

诉求的"代偿渠道",对纠正社会问题、促进社会发展发挥了积极作用。

虽然在一定程度上可以说,当代新媒体的信息环境丰富了舆论的客体,扩大了舆论的主体,加速了舆论的形成,具有一定的民主参与色彩,但同时也存在非理性、侵犯隐私、群体极化、网络暴民、网络群体性事件等问题,并使舆论呈现出更不易把握的"非线性"特征。人民网舆情监测室发布的报告表明,网络非理性情绪普遍存在,尤其是"群体极化"现象突出,即群体中原已存在的倾向性通过相互作用而得到加强,使一种观点朝着更极端的方向转移,即保守的会更保守,激进的会更冒险。互联网的匿名环境、海量帖文的气氛渲染、观点相近人群的频繁沟通,更容易产生"群体极化",并可能发展为人身攻击,甚至威胁社会正常秩序。[①] 韩国近些年来连续发生多起明星自杀事件,其中多与网络传播形成的强大舆论压力有关。

我国也出现过类似网络传播引起的群体极化事件。在 2018 年 10 月 28 日的重庆公交车坠江事故中,一辆公交客车与一辆小轿车在重庆万州区长江二桥相撞后,公交客车坠入江中。在事情原因不明的情况下,网友从现场视频来看,小轿车的车头受损严重,女司机穿着高跟鞋坐在马路一侧。于是,针对"女司机""高跟鞋"这些敏感话题,无论在微博或是各大论坛,众多网友都开始

---

① 祝华新、单学刚、胡江春:《2009 年中国互联网舆情分析报告》,人民网舆情监测室资料。

对这名小轿车女司机展开一系列的炮轰，还引出了"因女司机逆行，大巴车避让不及导致坠江"的事故鉴定原因。实际调查表明，小轿车当时是正常行驶，是公交车内发生的矛盾导致事故后坠江。虽然此后剧情迅速"反转"，但这种"群体极化"却给当事人的身心带来了不利影响。近年的多起"反转"事件甚至网络假新闻，都与网络"群体极化"有一定关联。

　　针对当代新媒体环境下舆论传播的特点，一方面要尊重网络传播规律，尊重网民的知情权和表达权；另一方面，网站和网络论坛管理者要提高自身素质，提高技术能力，做理性和负责任的把关人，政府管理部门则需要强化网络管理，抑制过于偏激的言论，并对网络舆论的反应提速，形成从中央到地方的网络民意监测、反馈和吸纳机制。①

　　因此，从舆论各个发展阶段的历史来看，相比于文学、艺术、哲学等社会意识形式和作为观念上层建筑的意识形态，舆论作为社会意识的价值相对有限，需要鉴别分析。这种内容本身的缺陷正是舆论需要引导的根本原因。

---

① 祝华新、单学刚、胡江春：《2009 年中国互联网舆情分析报告》，人民网舆情监测室资料。

第二章　媒介舆论引导依据

　　"媒介不是人与自然的桥梁，它们就是自然。媒介并不是把我们与'真实的'旧世界联系起来，它们就是真实的世界，它们为所欲为地重新塑造旧世界遗存的东西。"

——〔加〕麦克卢汉

　　在社会意识中，意识主体、对象客体、反映内容是最基本的定义要素。这种分析对舆论与媒介关系的研究具有启示作用。舆论的要素包括作为舆论主体的公众，作为舆论客体的"现实社会以及各种社会现象和问题"，作为舆论自身的"信念、态度、意见和情绪表现的总和"，还包括舆论的数量、强烈程度、持续性、功能表现和质量等，这些要素勾勒了一幅全面立体的舆论概念图景。① 从意识的角度来看，舆论主体、舆论客体、舆论内容是其中最为基本的要素，其他要素是对这些基本要素的进一步分析和展开。这也从另一方面表明，舆论活动的发生和发展离不开这些基本要素和条件。在现代舆论中，媒介和舆论形成了高度的互动依存关系，媒介能为舆论的产生和发展提供不可或缺的基础性条件，具体表现在媒介提供舆论客体、培养舆论主体、推进舆论形成等作用上。因此，媒介可以说是支撑整个社会舆论大厦的支柱，这也就是媒介能够引导舆论的根本依据所在。

第一节 拷贝世界：提供舆论客体

"客体"是与主体相对应的存在，指的是主体以外的客观事物，是主体认识和实践的对象。舆论客体是客体世界的一部分，主要是现实社会变动过程中出现的各种现象和问题。在传统社会中，人们能接触到的信息十分有限，往往是通过感官直接了解身边的信息，大规模的舆论也就很难形成。在现代社会中，人们并不是直接感知信息，而是通过以媒介为延伸的"社会性感受器官"来间接了解外部世界的信息，媒介创造的"拷贝世界"使人们同外部世界建立联系，是现代舆论产生的前提和依据。

---

① 参见陈力丹：《舆论学—舆论导向研究》，北京：中国广播电视出版社，1999 年版，第 10 页。

一、"拷贝世界"的概念

在主体对客体的认识中，需要有中介因素的存在，一方面由于意识对物质的依赖性，思维主体首先需要发展到一定程度的大脑物质作为基础，另一方面意识的传递需要语言符号系统及其相关物质载体。在社会性意识的传递中，这种中介体现为物质实体存在的媒介及其以文字、图片、电磁波等物质载体构造的虚幻世界——"拷贝世界"。

对"拷贝世界"的理解可以追溯到柏拉图著名的"洞穴"比喻：在洞穴里有一些被锁着不能回头的囚犯，身后点燃着熊熊篝火，有人在他们身后行走，举着东西。通过光亮的反射，囚犯们看到他们对面的洞壁上的人和物的动作投影，于是把这些视为现实的东西。柏拉图的这个比喻意在表明，一般人认识到的只是现实世界的幻影，而现实世界本身就是理念世界的幻影，因此和真实的世界"隔了两层"，如同磁力圈一样，离中心越远，磁力越小，所得到的就越不真实。去除其中的主观唯心因素之后——柏拉图把"理念世界"而非现实世界看作真实世界，其中涉及的事物与对它的反映的关系问题却是很有价值的。在现代社会，人不可能直接感受外部世界绝大部分的现场信息，只能通过媒介间接了解信息，正如洞穴里的人不能看见实物，只能通过幻影了解一样。这面洞穴之壁发挥了镜子般的作用，为里面的人创造了一个原始的"拷贝世界"。

在现代社会中，媒介也如同一面镜子，镜子里面的情景成为人们认识世界的依据，但镜子本身的情况——平面的还是凸面、凹面的，或大或小，或自由反映，或有限反映，也将直接决定人们看到的情景。这种大众传播媒介营造的环境为"拷贝世界"。有学者指出："由大众传播形成的拷贝世界——信息环境，是现代社会中人们无法逃避的生活世界，它同感性世界并驾齐驱，成为决定人们生活情感、生活欲望、期待、认知和态度的两大环境世界。"①

在对意识的理解中，为了减少精神对物质"复写、摄影、反映"时的被动性，突出人的主观能动性，有人把意识简化为人对于外界刺激的反应，从中可以看出，实物以外的精神客体也可以引起人的意识反应。在舆论学中，上述拷贝世界也被称为"拟态环境"，人们的舆论意见往往是对这种"拟态环境"的反应。李普曼指出："我们必须特别注意一个共同的要素，那就是在人与他的拟态环境之间的插入物，他的行为是对拟态环境的一种反应。"② 这个"插入物"就是媒介，由于镜子不能同其所映照的情景分开，作为整体镜子的媒介也不能同它营造的拟态环境分开，对拟态环境的反应决定了人的行为。媒介正是通过营造精神性的"拷贝世界"或"拟态环境"直接作用于精神意识，创造社会舆

---

① 沙莲香：《社会心理学》，北京：中国人民大学出版社，1987年版，第59页。
② 〔美〕李普曼：《舆论学》，林珊译，北京：华夏出版社，1989年版，第9页。

论的客体，从而在人与自然，现实与事件、话题中间，插入了一个"巨大的中介因素"。这种中介因素的力量十分强大，使人意识不到它的虚幻性，从而当作真实存在。因而麦克卢汉在论述媒介的本质时，认为"媒介不是人与自然的桥梁，它们就是自然。媒介并不是把我们与'真实的'旧世界联系起来，它们就是真实的世界，它们为所欲为地重新塑造旧世界遗存的东西"。[①] 这种"媒介即现实"的观点充分显示出了"拷贝世界"对人的重要影响，媒介当然也不可避免地在营造舆论客体中发挥核心作用。

二、"拷贝世界"的特征

既然拷贝世界如此重要，那么这个拷贝世界有哪些特征？我们可以从以下几方面来分析。

1. "拷贝世界"是一个有限的世界

相对于广阔丰富的现实世界来说，拷贝世界是有限的，它只是媒介探照灯不时照射到的现实世界的极小部分，大部分现实世界仍然隐没在探照灯所不能及的黑暗地带。尽管如此，对于力量有限的个人来说，媒介积累的信息仍然极大地扩大了个人的接触范围，对个人是一个无限巨大的世界，尤其是在现代信息化环境下，各种媒介"信息爆炸"使人目不暇接，造成选择的困难，个

---

① 转引自程世寿：《公共舆论学》，武汉：华中科技大学出版社，2003 年版，第 160 页。

人在应对这些信息时尚无余暇，更不用说直接接触现实世界本身了。因而，意见或舆论除极少部分是受到直接现实变动的激发而产生外，在很大程度上是对拷贝世界的反应，本质是对媒介创造的有限世界的反应。

以中国和美国的关系的报道为例，改革开放以来，媒体对中美关系的报道内容更加丰富，范围更加广泛，增进了彼此了解。同时仍然存在一定局限性，导致不同舆论场的人群获得的信息处于不对称状态，以至于在中美关系中，一旦媒体报道"最惠国待遇""中美谈判取得成果"等，就有人认为中美战略合作伙伴关系加强，两国十分友好；一旦媒体报道美国对台军售、中国试射导弹、中美经贸摩擦等，就有人认为中美关系出现危机，面临破裂。而专家了解到的实际情况是，中美关系一直就是合作与对抗同时存在，并不因为个别的利好或不利的信息报道而大起大落，产生以上印象大都因为媒介的有限报道使人形成了不全面的印象和判断。

2. "拷贝世界"是一个主观的世界

在拷贝世界的基础上，形成了三种关于现实的看法。根据传播学理论，在大众传播高度发达的社会，人们的行为与三种意义上的现实发生联系：一是实际存在的"客观现实"；二是大众媒介所提供的"象征性现实"；三是人们主观上关于外部的印象，即"主观现实"。这三种现实都可能成为人们行为的依据。如同镜子的反映受到镜子本身的影响一样，媒介在传播信息中已经加入了自己的选择和理解，融入了媒介的价值观。因此，拷贝世界是信息、意见和隐含的深层价值信念共同构成的世界。"托马斯公理"认为，"如果人将某种状态作为现实把握，那状态作为结果就是现实"。①这表明意识的塑造很大程度上受媒介的影响，媒介的正确报道是公众了解的前提。这是由于在现代社会中，人们往往无法直接接触到许多客观现实，因此不得不借助大众媒介来认知世界，而大众媒介所提供的"象征性现实"就成为影响人们主观现实的决定性力量，人们不可避免地会受到大众媒介的潜在影响。媒介提供的精神产品是社会意识的主要来源。不断地跟进报道促进社会性意识的持续形成与发展。"象征性现实"概念的提出，一方面显示了拷贝世界蜻蜓点水式的局限性，另一方面则表明了拷贝世界的人为操作性。在文化符号学理论中，人类总是按照自己的需要选择某些事物来作为象征，构建一个符号体系。对媒介来说，不同的价值观念和判断标准决定了它怎样选择和构造具有象征意义的事物和对象。

传播学者施拉姆的《大众传播与社会发展》一书中，研究了18家著名报纸对17个重要新闻事件的不同报道现象。根据调查情况发现，不同报纸对每一事件的报道数量和报道性质都有很大的不同，更令人吃惊的是，许多重要事件根本没有被报道。在17个重要新闻事件中，只有3个为17家报纸所报道，8个为不到半

① 陈力丹：《舆论学—舆论导向研究》，北京：中国广播电视出版社，1999年版，第75页。

数的报纸所报道。有一家只有 1 个未报道，但有一家报纸只登载了其中的 4 个，所有报纸的平均登载量在 10 个至 11 个之间。因此，在这些新闻中，没有机会被读者看到的在 6 个以上。[①] 这种不同表明，媒介具有自己的主观选择，这种选择来自价值观念、个人喜好乃至经济条件等人为因素，人们从不同的媒介中看到的是不同的世界。也许正是在这个意义上，麦克卢汉说："一切媒介都给我们的生活赋予人为的感知和武断的价值。"[②] 这表明，拷贝世界的主观性特征是非常强烈的。

3. "拷贝世界"是一个被复制的精神产品世界

"拷贝"一词是 copy 的音译，本身就是"复制"的意思。拷贝世界是通过工业化的复制手段批量创造的精神性产品，这种精神产品通过人的感官知觉，获得相应的心理体验，再诉诸人的主观意识。同对感性世界的观察和改造再形成某种意识相比，这种精神产品缩减了实践互动环节，在精神意识过程中具有更强的内在性和直接性，可以直接嵌入意识世界，在影响个人观念和精神世界中即时发挥作用。同时，批量大规模生产的特点适应了面向社会广泛影响大众意识的需要，这样，在内在性、直接性和广泛性的基础上，媒介就顺理成章地成为影响社会意识的重要中介，也为舆论的控制和引导创造了基础条件。

---

① 〔美〕施拉姆：《大众传播媒介与社会发展》，金燕宁等译，北京：华夏出版社，1990 年版，第 65 页。

② 程世寿：《公共舆论学》，武汉：华中科技大学出版社，2003 年版，第 161 页。

4. "拷贝世界'是一个具有现实影响的世界

拷贝世界的精神产品符合信息产品的一般特点，如具有可复制性、信息在传播中不减少反而增多、创作主体对产品质量影响很大等。但它同一般信息产品的区别在于，这种精神产品具有强烈的"外部性"特征，①能够对外界产生影响。在意识和存在的关系中，意识对存在具有反作用，同样，拷贝世界的精神产品对客观世界能发挥实际作用。它从根本上来源于现实世界，但又体现出主观能动性，并且对现实世界改造具有强大作用，尤其是社会舆论信息，往往成为直接影响社会政策制定的参考依据，制约着社会的发展。这种特点使得拷贝世界可以成为改造世界的手段，这既是媒介的意义和价值所在，也为媒介舆论引导确立了社会责任。

总体来看，在拷贝世界中，媒介的作用空前强大。本·巴格迪坎在其著作《传播媒介的垄断——一个触目惊心的报告：五十家大公司怎样控制美国的所见所闻》中论述了传播媒介通过传递信息对社会产生的作用。他这样写道："现代技术和社会组织加剧了信息集中控制的问题。在早些的年代里，公民间相互谈论影响着他们的决策。每一个社区的公民都能集聚到一个会场或教堂里来决定他们自己的命运。决定其命运是真的，但是在较古老的

---

① 在经济学中，"外部性"和"内部性"是一组相对的概念，指的是一个经济主体的经济活动对另一经济主体所产生的有害或有益的影响，这里泛指信息产品对社会的影响。

农业社会，每个社区接近于自给自足，远处的事件对他们无关紧要。这种政治活动的方法早已存在了。代替小城镇的巨大的都市混合体，在那里公民对本市的大多数其他成员都不认识。没有能装得下所有选民的大厅或教堂。每个公民的命运都由远方的强大势力安排。个人现在都依赖于传播信息和形象的巨大机构，接受信息和教益。现代新闻、信息和大众文化系统不是近乎技术的制品。它们形成社会的舆论。政治科学家们都相信：尽管传播媒介不可能告诉人们想什么，却可以引起公众想到些什么。报道的内容成为公众的日常议题。没有报道的内容或许不会永远被忽略，但却可能在最需要的时候被忽略。"① 这是一种现实，但不能不接受。在"媒介社会化"甚至"社会媒介化"的背景下，人们越来越依靠媒介了解信息，拷贝世界的作用进一步凸显，在舆论形成中的作用更为突出。

三、"拷贝世界"的功能

人们不得不依靠拷贝世界来了解外部环境，一个直接原因是人们不可能对每件事都亲历亲为，社会性分工形成了专门传播信息的机构，减少了个人了解现实的时间，从而把人解放了出来。另一个根本原因在于，拷贝世界存在符合各类社会形态的需要，

---

① 本·巴格迪坎：《传播媒介的垄断——一个触目惊心的报告：五十家大公司怎样控制美国的所见所闻》，林珊等译，北京：新华出版社，第4—5页。

它在传统社会、转型社会和现代社会中都有重要的价值功能。

1. 对于传统社会来说，拷贝世界是发展的开端

在传统社会中，人们主要同身边的现实世界联系交流，但这个现实世界是狭小的，人的有效环境基本上是限于他所能见到的地方，传统的村庄生活及其古老的生活方式把人们局限在有限的地域之中，发展所需要的变革首先需要从意识变革开始，"当一个社会开始现代化时……发展的第一批迹象之一是传播渠道的延伸"。① 大众媒介提供的信息吸引传统社会的人们进入一个更大的世界，如果说在传统环境下的口头信息传播可以得知身边的危险和机会，而媒介的报道却给他们带来了远处世界的信息，是推进传统社会变革的开始。

这种对外界信息的了解具有现实和精神的双重意义。在现实层面，不仅扩大了了解的范围，开阔了眼界，而且媒介报道的知识也使人们获得提高生产力、改进生产关系的更多方法和手段，改变了传统的思维方式和观念，减少了逐步探索所需要的时间，得以在较短的时间为较快促进社会的发展。在精神层面，媒介报道使传统状态下的人们的思维更开阔，通过信息知晓开始建立和外在世界的初步联系，并逐步培养起一种依靠他人告知自己事情的习惯，通过和外部世界的比照，改变自身状况的要求更加强烈和主动，增加了提高个人能力和改善社会状况的动力。因此，对

---

① 〔美〕施拉姆：《大众传播媒介与社会发展》，金燕宁等译，北京：华夏出版社，1990 年版，第 65 页。

于传统社会来说，媒介发展水平要与社会发展的需要一致，保持同步发展，这必然体现为"拷贝世界"的丰富和扩大。

2. 对于转型社会来说，拷贝世界促进矛盾的解决

"社会转型"是社会由外到内，由表及里，由部分到整体的根本性变化过程，是从传统社会到现代社会的全方位转变。在具体内容上，社会转型包括宏观和微观两方面内容，宏观上包括经济、政治、文化、社会、观念、组织的转型，微观上包括个体人格结构和能力素质的转型。[①] 在转型期间，社会结构深刻调整，思想观念深刻变化，利益结构、情感状态、价值观念都发生了巨大变化，在哲学层面的转型规律作用下，利益集团的分化、价值取向的多元、社会变动的加速、社会矛盾的增多是必然的结果。"现代性产生稳定，而现代化却会引起不稳定"，[②] 已经成熟的现代社会具备了种种条件，因而是稳定的，向现代社会的转变过程却因转型规律的作用而容易导致不稳定。转型期间，社会变动增多，社会矛盾多发，社会问题突出，使得社会公共事务领域拓宽，人们需要更多的信息，了解世界变动情况，获得意见指导。媒介的"拷贝世界"适应现实需求，发挥自身优势，通过新闻报道、信息传播、舆论引导等拷贝世界的营造，促进社会利益诉求机制和矛盾调处制度的完善和健全等，为化解矛盾，构建和谐社会，

---

① 刘祖云：《社会转型解读》，武汉：武汉大学出版社，2005 年版，第 12 页。
② 〔美〕亨廷顿：《变革社会中的政治秩序》，李盛平等译，北京：华夏出版社，1988年版，第 41 页。

促进社会顺利转型发挥积极作用。

3. 对于现代社会买说，拷贝世界是化解风险的重要手段

现代社会的发展使社会结构逐渐多元，社会分工更加精密，社会系统更加复杂，高度的生产力成果和复杂的制度体系的表象下也隐藏着风险和危机。德国学者贝克认为，现代社会是一个充满风险的社会。他在1986年提出了风险社会的概念来描述现代环境下充满风险的社会，并逐步完善风险社会的理论。贝克认为，风险社会的具体内涵包括三个方面，一是不明的和无法预料的后果成为历史和社会的主宰力量，因而风险逃脱了人类的感知能力，社会被风险分配的逻辑所支配；二是风险社会是世界性的，打破了阶级、民族和国家的界限；三是风险社会将带来社会的、经济的、政治的等方面的灾难性后果。另一位风险理论家吉登斯则提出，风险社会是"被制造出来的风险"占据主导的社会。在他看来，现代性的内在就是全球化，现代性所涉及的风险在全球化中向全人类普遍展开，人们在这个风险社会中所面临的问题是共同的，没有旁观者。① 这些理论从不同方面指出了现代风险具有潜在性、普遍性、人为性和严重性的特点，并且有可能导致现实危机的发生。

在现代社会风险和危机的语境下，媒介及其拷贝世界的位置更加重要。在危机尚未发生的时候，人们需要通过媒介掌握信息，了解社会变动情况，规避潜在风险。在危机发生后，媒介通过告

① 谢进川：《传媒治理论》，北京：中国传媒大学出版社，2009年版，第8页。

知情况、汇聚意见、抚慰情感、沟通关系、协调利益等方式积极参与到危机处理和化解过程中，促进危机的合理解决。在危机总结阶段，通过反思经验教训，降低风险代价，促进制度完善，减少危机发生，提炼价值主题，凝聚社会人心等恢复社会秩序，使社会在新的基础上实现发展。

以近些年我国突发公共卫生事件的报道为例，可以看到"拷贝世界"在现代风险社会中的重要作用。根据有关研究，突发公共卫生事件是指突然发生、造成或者可能造成社会公众健康严重损害的重大传染病疫情、群体性不明原因疾病、重大食物和职业中毒以及其他严重影响公众健康的事件。自2003年年初暴发的传染性非典型肺炎开始，近些年接连出现各类突发公共卫生事件，如苏丹红事件、毒奶粉事件、毒大米事件、瘦肉精事件、染色馒头事件、口蹄疫、禽流感、塑化剂事件、转基因食品争议，等等。由于公共卫生事件与民众的生活密切相关，媒体对这些问题的报道会对公众产生很大影响。在一些突发公共卫生事件中，如果相关报道及时准确、全面客观，就会稳定社会情绪，促进事件的合理解决，降低经济财产损失。而如果媒体报道不客观、不科学、不专业，就会引发公众的恐慌情绪，并可能引发社会危机，造成较大的经济财产损失。

总之，"拷贝世界"是人们在社会中实际接触的舆论客体，媒介使得舆论客体由社会存在的感性客体变成了诉诸意识的精神客体，为舆论的形成和引导创造了重要的基础性条件。而拷贝世界在各类社会形态中所发挥的重要作用，也为媒介在舆论引导中的重要性打下了基础。

第二节 阅读公众：培养舆论主体

"物以貌求，心以理应"，《文心雕龙》从主客体的交融角度总结了艺术的发生过程，这也揭示了社会意识的发展遵循客体刺激—主体反应的心理模式。但在很多情况下，有了外在刺激并不一定能产生有效的反映，马克思说过："音乐只是对于具有音乐感的耳朵才具有意义。"同样，舆论客体的增多并不一定会导致舆论数量的增多和舆论质量的改善，其中的舆论主体因素，是舆论活动中最活跃的因素。媒介在制造"拷贝世界"、提供"舆论客体"的同时，也培养造就了必需的规模化舆论主体，为形成舆论创造了必不可少的条件，这在现代舆论中体现为理性程度大为增强的"阅读公众"的产生。

一、舆论主体内涵的发展

在哲学中，"主体"是与"客体"相对应的存在，是指对客体有认识和实践能力的个人。主体表现出的"主体性"，即人在实践过程中表现出来的特性，具有自主、主动、能动、自由、有目的等特征。意识是人脑的机能，是思维主体对思维对象能动反映的产物。在意识活动中，主体的能动性不可或缺。这种能动性体现为在意识活动之初就具有目的性和计划性。马克思指出："蜘蛛的活动与织工的活动相似，蜜蜂建筑蜂房的本领使人间的许多建筑师感到惭愧。但是，最蹩脚的建筑师从一开始就比最灵巧的蜜蜂高明的地方，是他在用蜂蜡建筑蜂房以前，已经在自己的头脑中把它建成了。劳动过程结束时得到的结果，在这个过程开始时就已经在劳动者的表象中存在着，即已经观念地存在着。他不仅使自然物发生形式变化，同时他还在自然物中实现自己的目的。"[①] 意识活动过程具有能动创造性，意识活动成果不仅能够正确反映事物的外部现象，而且能够正确反映事物的本质和规律，对客观世界具有改造作用。在舆论活动中，舆论主体同样具有重要的地位和作用。舆论客体主要体现为拷贝世界中反映现实问题的精神信息产品，舆论主体则需要对这种信息进行能动处理，如采集、传递、存储、提取、删除、对比、筛选、判别、排列、分类、变相、转形、整合、表达等，这就对舆论主体的能力提出了更高的要求。

在舆论学研究中，人们把"公众"作为舆论现象的主体，认为公众（the public）是指"那些以某种公共事务为共同话题，参与社会讨论过程的个人、群体和组织"，[②] 涉及了舆论主体的一些

---

① 《资本论》第 1 卷，北京：人民出版社，2004 年版，第 202 页。
② 徐向红：《现代舆论学》，北京：中国国际广播出版社，1991 年版，第 129 页。

特征，但在历史发展中对舆论主体的认识也经历了一个过程。

在传统舆论中，舆论的主体是大众，指具有一定规模的人群，在英文中的对应词是 mass，意指"黑压压一片"，作为一个整体而存在。对舆论主体的这种理解与传统舆论的特点是一致的。在我国古代社会，由于国家与社会的高度一体化，消解了私人生活的空间，缺少自主的作为舆论主体的公众，因而具有一定质量的舆论数量较少，大部分社会舆论其实并非来自社会，而是自上而下诱导的结果。18 世纪以来，随着社会民主化的发展，在文化教育和媒介的共同作用下，舆论的作用和影响力显著提升，舆论的实际主体已不只是社会上层，而是具有理性能力的各种群体。在此基础上，20 世纪初，法国社会心理学家塔尔德重新定义了"公众"的概念，认为"公众"与"人群""群众"不同，它的内聚力来自精神的沟通和平等的交流，确立了"公众"的本质判断标准。这个新的概念表明人们对"公众"的现代意义有了重新的界定。[①]

因此，在舆论学中，作为公众的舆论主体是"自在的对与外部社会有一定的共同知觉，或者对具体的社会现象和问题有相近看法的人群"。[②] 这个概念包含了舆论主体的基本特点：一是自在性。这表明舆论主体具有组织松散、地域分散、流动变化、社会

---

① 程世寿：《公共舆论学》，武汉：华中科技大学出版社，2003 年版，第 115 页。
② 陈力丹：《舆论学——舆论导向研究》，北京：中国广播电视出版社，1999 年版，第 11 页。

层次多样和隐匿无名的特点。二是社会存在性。舆论主体是生活在现实社会中的个人和群体，是社会关系的总和，同外部世界具有关联性，随时关注社会变动和发展。三是观念相近性。在社会事务上能自由表达观点，且具有相近的看法，并且形成了相当的规模。因而《舆论学—舆论导向研究》把"由相近或相同的认知而关联，具有社会参与的自主性"，作为舆论主体的两个主要标志。

随着现代舆论的发展，现代公共舆论更加注重舆论主体的理性特征。前述对公众的分析虽然指出了公众的一些共性，但尚未突出理性能力特征。现代舆论则把"理性公众"作为舆论的主体。这里的理性公众是指"以精神的沟通和平等的交流为基础，在一定程度上能自由参与社会评价的理性化的社会单位"。[①] 舆论公众的本质是具备理性判断能力，因精神联系而自由平等交流，形成对社会公共事务共同意见的主体。

可见，随着内涵的发展，舆论公众的核心特点越来越体现在理性程度的提高，这使之区分于一般的大众。同时，舆论公众具有自在性，这也与媒介组织的"模拟公众"不同，虽然媒介能够发表对社会事务的看法，但并不能视为真正的舆论主体。因为媒介组织是一定人群的"自为"有组织的组合，具有相似的价值观念和看法，而且往往是在一定的价值标准指导下发表意见。而舆论主体是因精神联系而固定或临时组合，在参与社会问题上具有

---

① 程世寿：《公共舆论学》，武汉：华中科技大学出版社，2003年版，第116页。

自由表达观念和平等交流的特点。这使得舆论公众与一般社会公众和模拟公众具有不同之处。

二、媒介在培养舆论主体中的作用

舆论主体在舆论形成中具有能动作用，在现代舆论环境下，媒介在培养舆论公众中具有重要作用。从历史上看，规模较大的舆论在现代传播媒介出现以前就已存在，但并不能说是现代舆论。现代舆论是在18世纪资产阶级登上历史舞台、大众传播事业迅速发展后出现的。其中的原因一方面在于民主化浪潮为舆论发展创造了环境；另一方面则是媒介通过传播信息和文化知识，在扩大知情公众范围的同时，也培养了大批的"阅读公众"，不断提高舆论主体的能动性和理性程度。美国学者赫伯斯特谈到现代舆论整体的发展趋势时说："舆论在社会历史中有三种趋向：一是大众意见的传播从'自下而上'向'自上而下'的转向。二是意见表达与衡量的日益合理化。三是意见的结合逐渐无名化。"[1] 这些看法指出了在现代社会环境下，媒介成为舆论的中心，因此使得舆论主体的理性程度普遍提高，意见更合理，少数精英决定舆论的状况被公众集体智慧代替，因此意见逐渐无名化。这充分表明了媒介在培养舆论主体中的作用——让微观层次上的"自在"公

---

[1]　转引自陈力丹：《舆论学—舆论导向研究》，北京：中国广播电视出版社，1999年版，第61页。

众成为宏观层次上的"自为"公众。

1. 媒介引入新信息，唤醒主体意识

在《大众传播媒介与社会发展》中，作者施拉姆在描述了艾非一家的状况后，惋惜地表示："这个家庭是一种没有充分利用的资源"。同样，巴尼家保守的家长也绝不是一个迟钝和愚笨的人，只不过是一个受到限制的人。从人力资源角度来看，他们同是未被充分开发的资源，其根本原因在于教育不充分，主体意识未能觉醒，因此很多时间浪费在无专门技能的活动中。但是，"任何社会变革的最重要的条件是人本身必须改变"。"一个国家的进步首先而且最主要的是依靠它的人民的进步。除非它开发他们的精神和人的潜力，否则，它就不可能开发物质、经济、政治、文化等其他方面。大多数不发达国家的基本问题不是自然资源的缺乏，而是人的资源的不发达，因此，它们的首要任务是培养人才。"①

为了培养发展所需要的人才，首先需要唤起人们的主体意识。主体意识是指主体的自我意识，是人对于自身的主体地位、主体能力和主体价值的一种自觉意识，是人之所以具有主观能动性的重要根据。自主意识和自由意识是主体意识的重要内容。自主意识是指人意识到自己是世界的主人，在同客观世界的关系中，人居于主导和主动方面；同时，人还意识到自己是自己命运的主人，

---

① 〔美〕施拉姆：《大众传播媒介与社会发展》，金燕宁等译，北京：华夏出版社，1990 年版，第 28 页。

有独立自主的人格。自由意识是指主体的最高理想和最终目的就是要克服主客体的对立，实现主体的自由。主体意识随着社会实践的发展而发展，在传统社会中，人处于被控制的状态下，思想和改造世界的能力受到限制，主体意识尚未觉醒。实现发展就需要唤起这种主体意识，意识到自己的能力，充满自信心，这正是启蒙和发展的开始。

　　媒介引入的新信息促进了主体意识的觉醒，"电影打开了奇迹的口袋，收音机则正如郝登斯·波德梅克所说，在部落与现代世界之间架起了桥梁。在学会阅读后，印刷品就不仅是许多乐趣的来源，而且也是理解现代世界许许多多问题的来源。……甚至'识字本身也不仅是学习怎样阅读，它还可以使人们去理解自己亲身经验以外的一种现实'。因此，印刷品是一种自由的、革命的体验，它帮助个人从他的团体中、社会习惯中以及陈规旧俗中挣脱出来"。① 传播丰富了主体精神活动的内容，激起对外界的兴趣，人们在生存、发展、娱乐等方面的信息需要日渐增多，媒介的魔力在于它可以满足人们多方面的信息需要，因为"它们可以把一个人带到比我们视野所及范围更高的山上，让他极目远眺……可以使人看到、听到他从未到过的地方的事情，认识他从未见过的人们"，② 在了解新世界中又形成新的需要，这便成为继

---

① 〔美〕施拉姆：《大众传播媒介与社会发展》，金燕宁等译，北京：华夏出版社，1990 年版，第 110 页。
② 〔美〕施拉姆：《大众传播媒介与社会发展》，金燕宁等译，北京：华夏出版社，1990 年版，第 134 页。

续发展的动力基础。

同时，主体意识的增强会引发人们对自身和社会现状的反思，提高人们对于美好事物和幸福生活的期望，在获知相关信息后，传统社会的人们知道了其他人怎样生活，从而用新的洞察力来审视自己的生活。当期望超过实际的社会发展成就时，人们改造社会的愿望就会更加强烈，从而激发人们改变现状的决心。这样，媒介提高的主体意识就为社会发展营造了一种很好的社会心理环境和氛围。

随着主体意识的初步发展并逐渐丰富化，为其他多种主体意识构成了系统结构。这些意识包括以下主要方面：一是权利意识，即意识到自己有各种经济权利、政治权利、社会权利，并能明确地懂得权利的正当性、可行性、界限，在法定范围内主动追求和行使自己的权利，勇敢捍卫自己的权利，但不可无视社会所提供的物质条件和精神条件以及社会的承受能力而盲目主张权利和滥用权利；同时，对一切合法权利给予同等尊重。二是参与意识，即意识到公民的本质在于参与，参与社会公共生活、政治生活既是自己的权利，也是自己的义务。三是平等意识，即意识到自己与他人一样，都是权利主体，在法律面前享有平等的权利，承担平等的义务。任何人没有任何理由享有特权，更不应当利用自己的职位在社会资源的分配中谋取私利。四是宽容态度，即承认别人有权利做出与自己不同的选择，发表不同的见解，对那些与自己不同的政治主张、价值观念和生活方式给予必要的理解，以促成宽松、和谐、进步的社会环境和精神氛围。五是法治观念，即意识到法治优于人治，尊重和遵守经由合法程序制定的，旨在维护秩序、保障公正、促进效率、实现自由的法律规则，按照法定界限和程序行使权利，抵制和监督一切违法行为。六是责任观念，即意识到自己对他人、社会和国家负有公民的义务和责任。因此，一方面要承担起法定义务和道德义务，另一方面要对自己的选择负责，不逃避和推卸由于自己的过错而应该承担的法律责任和道德责任。七是理性精神，理性是针对非理性和超理性的。即公民在利益平衡和价值选择以及重大事件面前，能够从实际出发，不被个人情绪和偏见所左右。

从这个意义上讲，施拉姆认为"媒介是一股解放的力量"，因为它们能打破距离和孤立的藩篱，把人们从传统社会传送到"伟大社会"。很显然，这种解放首先是从主体意识的觉醒和丰富发展开始的。

2. 媒介传播现代观念，培育主体人格

在主体意识被唤醒后，人的自我价值和意识得到重视，媒介传播的现代观念改变了人们的思维方式，进一步培育形成主体人格。丹尼尔·勒纳在《传统社会的逝去》中，强调了大众传播媒介在促成人的主体人格形成中所具有的重要作用。

社会的发展首先需要解决"难弄的人的问题"，并且必须在根本上形成不同于传统的主体人格，否则，一切现代事物的形式都将被纳入传统的体系中，成为巩固传统的工具。实践和研究结果表明，个人的心理态度和价值观对于行为改变的影响举足轻重，而个人行为的改变能带来国家政治、经济、社会发展的变化，因而主体人格的形成在社会发展中具有基础意义。因为"离开了执行那些能促使国家现代化的经济、政治、法律制度的人本身的现代化，这些制度便会成为有名无实的无灵魂的躯壳，或者被扭曲变形，弊病百出，背离这些制度原所预期达到的目的"。① 在现实中，许多人在现代的形式下实际具有传统的思想和行为，"他们把现代化的本来面目，用传统的各种颜色涂抹，形成奇形怪状的讽刺画，造成这种悲剧的秘密正是那些人还没有从心理和态度上获得个人现代性，在他们徒有其表的现代化外衣里面，包裹着一颗与传统思想血液一脉相通的心"。② 这就可以解释为什么在许多发展中国家可以比较容易从别的地方引进和模仿现代技术和制度，而这些移植的制度和形式在新的环境中却很少能扎下根来并结出果实。从表面上看是这些国家"还没做好接受这些先进制度和技术的准备"，而实际上，心理和精神的因素构成了对经济与社会发展的主要阻碍。因而，个人的现代化应当走在整个社会现代化的前面，个体现代性主体人格的获得是实现国家现代化的先决条件，即心理、态度、价值观、思想的改变，是现代化机构和制度产生实质性后果和作用的最基本的先决条件之一。这就需要主体

---

① 〔美〕英格尔斯等：《人的现代化》，殷陆君编译，成都：四川人民出版社，1985 年版，第 274 页。

② 〔美〕英格尔斯等：《人的现代化》，殷陆君编译，成都：四川人民出版社，1985 年版，第 275 页。

人格的培育和形成。

在现实中，人们与大众传播媒介接触是形成主体人格的重要力量。因为信息不仅带来了用于实践的知识的变化，也带来了心理模式的变化，媒介使人们超越了眼界所及的范围，发现了远方的危险和机会，改变了地方性的狭隘观念，并逐渐向现代方向发展。正如戴手表常被认为是一个人倾向于现代世界的第一个戏剧性象征，使用一台收音机很可能也是他真正参与这个世界的开始。丹尼尔·勒纳以个人与大众传播媒介的关系来作为区分传统的、过渡阶段的或现代化的基本因素之一，据此他认为，如果没有已经发展的大众传播工具和通信系统，现代社会就不可能有效地进行活动。①

同时，在勒纳看来，一个发展中社会需要培养"能动的人"。即需要具有适应周围环境中新事物的很强的能力，能够接受向他提出的超出他的习惯经验的新要求，积极主动面对外界事物的主体人格。在具体表现中，这种人格的人是用"现金买东西的顾客，听广播的人，投票的人"，他们接受并倡导变革。而且是"能读会写的和热衷于参与的"。为此，他认为"移情作用"在培养这种能动的人中具有重要作用，而移情能力是发展中国家人民所必有的、根本的、基础的品质。这是因为传统社会按血缘关系把人们分为彼此隔绝、互不往来的社会，因为没有城乡分工，它

---

① 〔美〕英格尔斯等：《人的现代化》，殷陆君编译，成都：四川人民出版社，1985年版，第140页。

在经济上就没有互求依赖的需要；由于缺乏互相依赖的各种结合关系，导致人们的视野狭窄，限于本地，使他们的各种决策只涉及熟悉的人和熟悉的环境，因而传统社会具有非参与性的特点。但是，现代社会是参与性很强的社会，它需要使迁徙频繁的人们在一个变化的世界中高效率地行动，因此，"移情"具有一种站在别人的地位上来看自己的能力。由于个人在出了自己的村庄或部落后，每个人必然遇到新面孔，结识各类新人物，并学习各种与自己相联的新关系，因此，在"移情"能力基础上培养主体人格必不可少，只有这种人格在社会上占据优势，才能促进社会向现代的真正发展。

因此，在勒纳看来，在发展的社会动力中，第一要素是培养一种现代的或是"能动"的人格。第二要素被他称为能动性的倍增器，即大众传播媒介，因为大众传播在发展中充当了"伟大的倍增器"的作用，是能够把所需要的知识和态度传播得更快更广的一种工具。① 由此可见媒介在培育主体人格形成社会现代化发展的个体基础上的重要作用。

3. 媒介构建公共论坛，提高主体素质

媒介在唤醒主体意识、形成主体人格的同时，也不断培育提高主体素质和能力。这主要体现在媒介通过构建公共论坛，围绕公共领域展开讨论，提高舆论公众主体素质。

① 参见〔美〕施拉姆：《大众传播媒介与社会发展》，金燕宁等译，北京：华夏出版社，1990 年版，第 46 页。

（1）现代社会公共领域的形成和参与性的增强

在舆论学中，"公众"是公共事务和公共领域密切相关的概念。随着社会交往和变动的增多，社会公共事务较以前大为增多。公共事务（public affairs）指的是"涉及许多人的共同利益，或产生共同兴趣的政治、经济和其他社会问题"，[①] 或指"与人们的现实利益密切相关，能够引起大家的共同兴趣，需要公众认真对待的社会事务"。[②] 在现代环境下，社会利益关联度增强，交往范围扩大，社会的发展和信息范围的扩大使传统社会逐渐由原来的公共领域和私人领域完全合一，分化出另一个公共领域。从根源上说，一是公共领域的形成在于市场经济对公共领域的形成提供了经济基础，使公共领域和私人领域开始分化。所谓私人领域是指私人自主从事商品生产和交换的经济活动的领域，其中所包含的市场机制和私人产权，保证了个人能够自主从事经济活动和追求特殊的私人利益。在市场原则的作用下，社会最终变成一个与国家相对立的私人领域。二是随着市场经济的发展，社会生活的范围大大超越了私人家庭的限制，成为一种关系公共利益的事务。三是在私人自主权的领域（市民社会）与公共权力（国家）之间，演化出一个公共领域，它由作为私人的个人积聚而成的公众组成，公众在这一领域里对公共权威和其他共同关心的问题做出评判，调节国家与社会的需要。因此，哈贝马斯指出："所谓

---

① 刘建明：《基础舆论学》，北京：中国人民大学出版社，1988年版，第125页。
② 徐向红：《现代舆论学》，北京：中国国际广播出版社，1991年版，第124页。

'公共领域',首先是指我们的社会生活的一个领域,在这个领域中,像公共意见这样的事物能够形成。公共领域的一部分由各种对话构成,在这些对话中,作为私人的人们来到一起,形成了公众。"①

公共领域的形成增强了公众的参与意识。亨廷顿曾经指出,在发展中国家,社会动员和改变的愿望的提升会促进人们关心社会事务,进而会有更多的社会参与。勒纳同样认为现代社会的重要特征是参与性,"因为它是在共论之上运行的——人们在对公共事务做出个人决定时,必须经常与其他不相识的人有充分的统一,以保证一个稳定的共同管理"。②但形成这种"共论"的前提,即大多数人民都受过教育,读报纸。这就意味着媒介在提高主体素质,培育舆论公众中发挥着重要作用。

以近年广州市就廉租住房保障制度和经济适用房制度公开征求公众意见为例。廉租房制度关系社会公众的切身利益,形成了众多社会群体共同关注的公共领域,为进一步完善住房保障政策体系,健全廉租住房制度和经济适用房制度,广州市通过媒体公布了《广州市城市廉租住房保障制度实施办法(试行)》(征求意见稿)和《广州市经济适用住房制度实施办法(试行)》(征求意见稿),并发布了征求意见的公告和反映意见与建议的联系方

① 参见程世寿:《公共舆论学》,武汉:华中科技大学出版社,2003年版,第14—17页。
② 〔美〕施拉姆:《大众传播媒介与社会发展》,金燕宁等译,北京:华夏出版社,1990年版,第135页。

式。广州市民围绕媒体发布的信息，积极参与到政策的修订之中，促进了住房制度的完善，也提高了社会公众的参与意识。

（2）媒介公共论坛在提高主体素质中的作用

现代舆论的形成需要一些基本条件和要素，如自由民主的舆论环境、理性的舆论主体、及时丰富的舆论客体等，但公众对公共事务的意见是真正发自内心的，是经过一定的理性思考而产生的想法与愿望，而并不是经由宣传、诱导、外在压力而产生的。同时，形成公共舆论的过程是建立在理性自由的意见交往的基础上的，自由的、理性的、公开的讨论和辩论是公共舆论形成的必要过程，正如黑格尔在《法哲学原理》中对公共舆论所下的定义："个人所享有的形式的主观自由在于，对普遍事务具有其特有的判断、意见和建议，并予以表达。这种自由，集合地表现为我们所称的公共舆论。"这就意味着舆论形成需要社会性的公共平台，作为"意见的自由市场"发挥载体作用，并在论坛讨论中提高主体参与公共事务的能力和素质。

以我国的媒体为例。20世纪90年代以来，随着社会转型步伐的加快，社会公共事务增多，社会舆论多发。在这种情况下，为便于围绕公共事务开展讨论，各种媒体都加大了公共论坛的设置力度。在电视媒体方面，表现为谈话类节目迅速兴起，如中央电视台的《实话实说》《五环夜话》及《十二演播室》的部分节目，这种由主持人主持、特邀嘉宾和演播室受众直接参与、就新闻事件或社会生活中公众感兴趣的话题进行讨论或争鸣的评论形式，很快就以其贴近百姓的话题、贴近生活的谈话、贴近真实的语境，以及广泛的受众参与，赢得了许多观众的喜爱。同时，一些报纸也行动起来。报纸工作者们意识到，单纯依靠增加信息量、深化报道内容、强化版面编辑的可视性等惯用手法来吸引和争取受众已经不能完全适应阅读市场的需求。于是他们直接让出"地盘"，给受众直接参与发言留下一席之地。于是，《人民日报·华东版》的《一日一题》、《南方周末》的《百姓茶坊》、《北京青年报》的《冷观热谈》、《中国青年报》的《青年话题》、《深圳商报》的《谈话空间》等报纸谈话类栏目继广播电视谈话类栏目热之后，也迅速发展起来。其基本的操作模式大都是通过设置话题，向读者征稿，组织讨论，用大块版面将多种观点集纳编排，形成一块谈话园地。这样，媒体逐步形成了一个公共论坛。围绕媒体报道的事实，公众展开自由讨论，以影响有关的公共政策，实施对国家公共事务的监督，取得了较好的效果。①

　　这种自由的讨论和争论过程，也是一个启蒙和提高主体素质的过程。经过公共论坛的扩散、讨论与争论，培养了大批的阅读公众，并且使公共舆论具有越来越多的理性色彩。因此，公共舆论活动中的社会公众已经不是一般公众，而是一种理性公众，或称"阅读公众"。哈贝马斯认为："公共意见，按其理想，只有从事理性讨论的公众存在的条件下才能形成。"媒介在公共论坛的讨论中不断把私人变成公众，在提升意见质量的同时，也扩大了

---

① 程世寿：《公共舆论学》，武汉：华中科技大学出版社，2003 年版，第 63 页。

理性公众的规模和素质。

以社会关注度较高的圆明园改造事件中的公众参与为例。2005 年，圆明园环境整治工程环境影响听证会在原国家环保总局召开。来自社会各界的代表 120 人和 30 多家媒体把会场挤得水泄不通，还有百余名热心市民只能在分会场里旁听。这是原国家环保总局举行的首次环境影响听证会，内容是辩论圆明园整治工程何去何从。各界反映强烈，报名非常踊跃。原国家环保总局在报名的基础上，邀请了 22 个相关单位、15 名专家、32 名各界代表参加听证。听证会过程中，围绕圆明园的定位、防渗工程的生态影响、圆明园如何保护和修复等公众高度关注的问题，圆明园方面及 30 多位各界代表阐述了各自的观点。专家们通过出示一张张现场照片来讲道理；中国人民大学的研究生讲述了他的问卷调查，传达出了大学生的看法；小学生代表讲述了同学们的意见……经过媒体的广泛报道，社会意见更加丰富，最后的结论不仅考虑了多方面的利益诉求，更加合理，促进了圆明园环境整治工程的开展，也通过听证会的形式提高了社会群体的参与度。在此基础上，社会公众对听证会中存在的问题提出了看法，指出听证会上几乎没有学者掌握圆明园遗址的法律定位以及相关的国家标准、技术规范等问题科学公正地发表意见。可见，主体素质在公共论坛的讨论中得到了提高。

因此，在现代社会中，媒介围绕公共事务，创建公共论坛，构建了舆论主体活动的载体和平台，并通过促进社会参与提高主体素质，不断推进"私人"成为社会"公众"，促进参与性，培养造就理性公众，为形成舆论创造最活跃、最重要的主体条件。

第三节　传播整合：形成舆论内容

在对舆论的理解中，舆论是"信念、态度、意见和情绪表现的总和"，[①] 其中的"表现"指出了舆论的各种意见形式是需要公开表达的。传统的舆论由于信息渠道狭窄、传播方式单一，使舆论不仅数量少，而且内容相对简单，如《大众传播媒介与社会发展》中所描述的那样，越是传媒落后的地区，信息量就越小，而且在空间分布上距离城市越远，传媒也就越少，并且社会精神交往的贫乏也进一步加剧了传媒闭塞程度。现代舆论的形成则是建立在广泛的社会交往行动的基础上。哈贝马斯的"交往行动"理论认为，意见一致应当通过交往和理解的合作活动来达到，"意见一致是不能只通过外部的影响就能达到的，而是必须由参与者同意接受。因此，这种意见一致与实际上存在的纯粹意见一致是不同的。理解过程的目的是要达到意见一致，这种意见一致要求具有合理动员并对一种表达内容赞同的条件"。[②] 在这里，哈贝马

---

① 陈力丹：《舆论学—舆论导向研究》，北京：中国广播电视出版社，1999 年版，第 11 页。

② 陈力丹：《舆论学—舆论导向研究》，北京：中国广播电视出版社，1999 年版，第 87 页。

斯强调要通过参与者同意而形成意见一致，因此要求具有"对一种表达内容的赞同的条件"。在传媒社会化的背景下，具有社会性优势的大众媒介通过传播整合，为一致意见的达成提供了条件，尤其是现代传媒技术的发展，极大地促进了社会的精神交往，促进了舆论的高速度、大范围和高质量的形成。

一、传播整合是舆论形成的必要环节

在舆论活动过程中，经过公开表达是舆论形成的前提条件，只有公开表达，各种具有个人和小群体主观偏见的意见才得以在传播中实现整合提高，为相对合理的一致意见的形成打下基础。在现代环境下，媒介表达、传播和整合是提高舆论意见的最重要的平台。这可以从两个方面来分析。从理论层面来看，在意识的发展过程中，人类首先是从与自然的一体关系中分化出关于自身的自我意识，继而在以血缘关系为基础的族群中形成群体意识，随着交往范围的扩大，形成以业缘关系为基础的社会意识，在此过程中，社会性程度逐渐增强。相应地，表达意见的手段也经由个人、一定范围的人群向社会性公共手段发展。在现代社会中，媒介是具有最为广泛社会性的建构意识的公共手段。舆论作为一种社会性的群体共同意识，必然需要大众媒介的传播整合，为舆论内容的形成创造条件。

在实践层面，从舆论作为一致意见的基本内涵来看，个别意见如果不表达出来，并经过公开传播，就还会停留在"室语"和"腹诽"的阶段，只是个人情绪和意识，还不能构成真正意义上的个人意见，更不能称其为舆论。只有在个人意见表达出来之后，经过公开传播和扩散，使少数人的意见通过在传播中的交流整合，转化为多数人的共同意见，才能为舆论的生成奠定基础。尤其是在现代舆论的领域大大拓展的情况下，舆论的对象往往是社会公共事务，种种纷繁复杂的社会意见需要集中交往的中介或桥梁，才能扩大影响范围和意见交换的频率，否则，少数群体意见只会在一个极小的范围内自生自灭，难以对公共事务产生影响。正是在媒介提供的公共论坛中，人们根据自身的经验、以往的知识储备和价值观念以及所掌握的材料，自主地对社会公共事务做出自己的判断，公开表达自己的看法，也交换自身的价值观念、态度和情绪，因此，现代舆论与传播的关系是密不可分的，甚至可以说"传播媒介正是公共舆论的催生剂，没有现代传播媒介的广泛参与，也就没有真正意义上的公共舆论。在当今世界，媒介舆论实际上已成为公共舆论的重要表现形式和扩散场地，是公共舆论的改造者与管理者"。①

二、媒介的传播整合作用

在现代社会中，媒介和舆论高度互动的关系，在舆论形成中

---

① 程世寿：《公共舆论学》，武汉：华中科技大学出版社，2003 年版，第 78 页。

具有无可比拟的特点和优势。从大众传播（Mass Communication）的本义来看，其中的"Mass"含有一定规模人群的意思，而"Communication"的意思是"与他人建立共同意识"，建立"共同意识"又有"说服""同化"之意，因此，它必须至少有两人以上的参与，并且又有"意识交换"的事实存在。这种词源分析体现出了传播对于意见整合的重要意义。在舆论形成中，现代媒介的传播整合作用体现在三个方面。

1. 发挥及时传播作用，促进舆论迅速形成

舆论的形成首先需要有舆论客体信息的知晓，信息获知越早，舆论形成的起步就越早，这就对信息传播的速度提出了较高的要求。大众媒介传播的发展是以工业革命为基础的，因而在发展之初就具有不同于其他传播形式和手段的快速特征，发挥及时传播的中介作用。组织传播、人际传播由于需要经过许多中介环节的层层转换，因此无形中损耗了时间，而大众媒介传播则直接到达受众终端，减少了中间转换环节，能够快捷传播和扩散信息，促进舆论发展。

从传播载体上看，古代传播主要靠语言媒介；近代传播主要靠印刷媒介与口语媒介，传播速度和范围有限；而现代传播主要靠各种电子媒介，具有信息射程遥远、覆盖面广的特点，这使得大众媒介能够及时反映和交换社会意见，促进了舆论的快速形成和高频率变化。随着传媒科技的发展，传播速度仍在不停地加快，在卫星技术和网络技术的基础上，一些媒介甚至能做到即时传播，

如当今电视直播能及时还原现场，体现出鲜明的信息传递的快捷性、传播符号的综合性、现场氛围的真实性和深度介入的参与性等传播特征，成为人们获取信息的主要渠道之一，取得了显著的社会影响和较好的传播效果。网络直播同样能够动态反映事件发展，为网民的互动参与提供便捷条件。因此，大众传播是随着科学技术的发展而发展的一种传播活动，现代大众传播均借助高科技高速复制信息、传播信息，极大拓宽了其传播的时空范围。这种传播特性不仅使媒介传播具有不可比拟的速度优势，也在很大程度上改变了时空观。今天的人们几乎生活在"一体化"的时间与空间之中，前电子时代支离破碎的时间模式和空间模式已经不再适应新的传播形势。正因如此，20 世纪 60 年代加拿大著名大众传播学者马歇尔·麦克卢汉就提出了"地球村"的观点，认为曾经广阔无垠的地球，在科技的力量下，逐渐变成了小小的村落。当今传播方式的变化，缩小了交往距离，改变了时空观念，减少了隔阂，对舆论快速形成具有积极意义。

2. 发挥桥梁纽带作用，促进舆论大范围形成

在大众传播媒介出现以前，信息主要由人际传播，舆论也主要靠人际传播形成，因而舆论范围和规模较小。大众传播媒介辐射范围广泛，改变了时空观念和人们获取信息的方式，把广大公众凝聚在媒介构建的公共论坛周围，发挥了重要桥梁纽带作用，使大规模舆论的产生成为现实。

第一，由于大众媒介的性质和特征扩大了传播范围。和人际

传播点对点的传播方式不同，媒介传播是点对面的传播，特定的媒介机构面向不特定的社会群体传播信息，这使得媒介的传播内容具有地域广泛、内容公开的特征。报纸一经出版，什么人都可以读；广播电视节目一经播出，什么人都可以收听收看。通过卫星和计算机网络，媒介的覆盖面遍及世界各地，借助大众传播工具强大的传播能力，其传播地域范围是人际传播、组织传播等方式不可比拟的。同时，媒介传播的信息是公开的，不具有保密性，可以在人与人之间公开相传。而传播者与受传者从集中的信源到普通的受众的关系是直接的，一般不会经过中间环节而损耗、走样、失真。这样，和人际传播、组织传播不同，它们虽说也具有一定的公开性，但其传播范围和影响力有限，从总体上看，还只是一种内部公开。而媒介舆论则是一种社会公开，是一种不受限制的公开性传播，这极大地扩展了媒介的受众范围，随着现代媒介传播复制能力的提升，影响的范围仍在继续扩大。[1] 这些特点使得媒介成为一种"外部性"很强的传播组织，其传播的信息到达广大具有理性思考能力的受众后，能够激起大范围的舆论意见。

第二，媒介的桥梁纽带作用具有组织联系广大受众的功能。作为一种社会性传播手段，媒介是"社会交往"的中介工具。社会交往是"人们通过各种手段而进行的人际、群际乃至国际联系与交流，从而在经济、政治、文化及心理等多方面产生相互影响

---

① 参见程世寿：《公共舆论学》，武汉：华中科技大学出版社，2003 年版，第 172 页。

的过程"。① 交往是人类的基本特性之一。恩格斯指出："我们在今天的发展的阶段上只能在社会内部满足自己的需要，人们从一开始，从他们存在的时候起，就是彼此需要的，正是由于这一点，他们才发展自己的需要和能力等等，他们发生了交往。"② 这就指明，人的社会交往源于人的社会需要。这种需要最初是生物性的，以后便发展成为高级的更加丰富多彩的需要。在现代社会中，社会交往更加复杂多样，媒介是一种社会性信息传播工具，通过信息传递、公共论坛构建，在社会交往中发挥重要的桥梁纽带作用。广大社会公众通过大众传媒联系起来，并借助新闻媒体表达他们的意见、建议和愿望。媒介在实际中发挥了组织联系广大受众参与到舆论活动中的功能。

第三，媒介促进"全球化"的形成，扩大了舆论范围。研究表明，全球化与媒介关系密切。纵观历史的演变过程，可以发现"全球化"与传播有密不可分的关系，并以下列因素为依托：一是传播手段的高度现代化；二是传播媒介的跨地区、跨国界经营；三是传播的屏障作用消解，信息流动的自由度提高。这显示了媒介在推进全球化进程中的积极作用。因此，现代社会背景下的公共事务和传统社会的公共事务有很大区别，它是一种在全球化背景下的公共事务，其内涵和外延在现代的时代特征中被极大地延

---

① 程世寿、胡继明：《新闻社会学概论》，北京：新华出版社，1997 年版，第 42 页。
② 《马克思恩格斯全集》第 42 卷，北京：人民出版社，1979 年版，第 360 页。

伸和扩展了。① 随着全球化背景下国家之间关联度加强，媒介报道必然涉及大范围利益，引起大范围关注，形成大范围舆论。

3. 发挥整合优化作用，促进舆论高质量形成

大众媒介的扩散使公共舆论意见具有速度快、范围大、内容丰富、社会性参与性强、能反映多种意见的特点，但也存在意见较分散、整合难度大的问题，需要在公开交流中提高质量，形成相对合理的一致意见。在这种交流中，不同的传播手段对舆论质量有着决定性影响。人际和组织传播方式涉及的人群范围偏小，可供交流的意见较少，媒介的广大辐射范围和凝聚人群能力为意见在交流中的质量提高创造了条件。正如美国学者乔·萨托利所说："在技术上使用新闻媒介，使'新闻'和报纸出现之前，道听途说是不能真正成为公众舆论的。"② 这充分认识到了媒介在促进意见整合，提高舆论质量中的关键作用。

舆论意见的整合是舆论形成的必要阶段。所谓意见整合，是将公众分散的意见加以集中统一，综合提高，使之成为相对一致的群体意见。这是一个意见的分离聚合、消除蜕变、迁移转换、归类重组的复杂过程。这种整合可分为认识整合和心理整合两个部分。认识整合指"统一思想认识、统一价值尺度和评价，使各自散在的事实认识、价值认识互相协调、补充，从而形成相对一

---

① 程世寿：《公共舆论学》，武汉：华中科技大学出版社，2003 年版，第 114 页。
② 〔美〕乔·萨托利：《民主新论》，阎克文译，北京：东方出版社，1998 年版，第99 页。

致的舆论观点或舆论评价"。心理整合指"统一情感偏好和意志要求，形成相对一致的倾向性和意向性"。

在整合过程中，媒介对舆论意见具有优化作用，能够对舆论意见进行选择、概括、提炼、深化，去粗取精，去伪存真，形成合理意见。根据《公共舆论学》的分析，这个整合过程具体包括确立中心、认同沟通、调整反馈。确立中心，即确立公共舆论整合中心，是指能对公众个体或社会群体产生吸附力量，使之凝聚为某一具体舆论主体的事物。整合中心可以是一个突发事件，可以是人们共同关心的一个话题，也可以是一种社会现象等。认同沟通是指整合中心确立之后，大多数人持有的意见不断黏附具有相同固定成见、相近情绪倾向的公众个体，形成所谓"雪球效应"。在认同过程中，个体之间叙述性信息、解释性信息和评价性信息频繁交换、沟通，逐渐形成该公共舆论的主流意见。调整反馈是指在认同沟通环节中，公众个体不一定都会认同主流意见，可能会产生意见分化力量，背离意见中心。这时，公共舆论自身会做出调整，并将信息反馈到舆论中心，进一步促使意见整合的成功，强化主流意见的作用。在这三个环节中，认同沟通是公共舆论意见整合的中心环节。①

经过整合，相对一致的共同意见容纳了许多人的见解，成为个体知觉的总和，构成了不可分割的意识和见解的整体。然而社会知觉不是无数个人意识的机械叠加，而是将个人意识有机地融

---

① 程世寿：《公共舆论学》，武汉：华中科技大学出版社，2003年版，第162页。

化在集合意识中，从正表现为理性公众的一致感悟和认识。虽然仍然具有舆论的主观、群体性等一般特点，但它的理性程度大大加强，舆论质量也较大幅度提高。尤其是现代媒介为舆论意见的交流融合创造了较好的条件，也在一定程度上促进了舆论质量的提高。

由此可见，在现代舆论的形成中，大众媒介扮演了一个不可或缺的角色。无论是舆论客体的提供、舆论主体的培养还是舆论内容的形成，媒介都发挥了基础性作用，这也是媒介能够引导舆论的最重要原因。

第三章　媒介舆论引导过程

> "城邦制度意味着话语具有压倒其他一切权力手段的特别优势。话语成为重要的政治工具、国家一切权力的关键、指挥和统治他人的方式。"

> ——〔法〕韦尔南

社会意识具有层次性，可以由低级向高级发展。从个人方面来说，纯粹主观的个人心理情绪经过反思可以增加其理性程度，得到层次更高的思维成果。从社会舆论方面来说，比较模糊、不够明晰的社会心理在概括整理后形成明确的舆论意见，经过媒介的传播整合和社会广泛讨论，可以逐渐形成相对一致的群体意见，向理性的社会意识形式方向发展。未经引导的舆论往往呈现分散状态，良莠不齐，而经过引导的舆论则更加理性规范，可以成为社会意识形式，乃至意识形态的一部分，因而，舆论引导过程在一定意义上讲就是通过"诉诸理性"而提升舆论意识层次的过程。

第一节 主体特征：理性选择

媒介舆论引导中，国家是管理主体，媒介是执行主体，个人是工作主体，舆论引导是各类主体理性选择的结果。这是由哲学层次的理性信赖、实践层次的理性态度和国家管理的理性要求决定的。

一、引导是信赖理性的表现

"理性"是指人类所特有的思维能力，即包括抽象力、综合力、批判力和记忆力等相联系的认识能力，它是人类思维发展到高级阶段的产物。信赖理性就是对人本身的信心体现，把人看作"宇宙的精华，万物的灵长"，相信通过理性能够解决诸多问题。但是，理性并不是一开始就能够受到如此重视，在生产力不发达的原始社会，在漫长的中世纪，自然物或构想出来的神灵等都曾经被当作社会发展的决定性力量。到了文艺复兴时期，伴随资本主义的发展，理性得到重新认识，这种对理性信赖的回归，不仅极大促进了意识的发展，也把社会发展决定力量从自然物、神转到了人的身上。这方面的典型代表如英国诗人、政治家约翰·弥尔顿在其长篇演讲《论出版自由》中写道：一、人的理性是高于一切的，是上帝赋予人类的灵性，为使人的理性得以有效发挥，就必须不受限制地了解别人各种不同的观点、意见和思想；二、让所有想说什么的人都自由地表达自己的思想；三、必须限制权力，废除各种钳制言论的制度、规章，让真理通过自我修正，最后战胜各种谬误、错误、愚蠢和无知而自我发扬光大。

这种对理性的重视如同施拉姆所说的一种"新的能力感——感到我们有工具也有技巧，可以做一些事来对付贫困、疾病、文盲以及原始的生活条件等灾难……人们不仅对科学的信心越来越大，而且对工业技巧和经验也产生了信心"。① 这种对科学的信心就是对理性的信心，在这种信心的鼓舞下，人们对于人类变革社会的能力的信心也比过去更大了，不再把管理社会看作是一种神秘莫测的事。舆论意见是公众参与社会管理的体现，是具有一定理性价值的判断或评价，舆论引导就是"以思想方式解决思想问题"，它建立在这种理性预设基础之上：相信通过思想上的理性分析和疏导，可以解决个人的思想意识问题，有限价值的舆论通过传播整合可以克服其固有局限，形成相对合理的主流舆论，促进社会事务的解决，而不必诉诸武力或者其他方式，这为舆论引导奠定了有力的观念基础。

---

① 〔美〕施拉姆：《大众传播媒介与社会发展》，金燕宁等译，北京：华夏出版社，1990 年版，第 17 页。

二、引导是辩证态度的结果

如前所述，很多人都已经认识到了舆论的矛盾混杂特征，在理论上就存在自由主义和现实主义两种趋向。与此相应，在实际的社会生活中，对待舆论也有两种态度，即重言主义和轻言主义。前者即重视民众的言论，重视民心、民意，善待并听取众人之言；后者即漠视舆论和民心、民意，对舆论采取限制、控制，以达到"禁言"的目的。

我国重言主义的思想从西周时期的"天视自我民视，天听自我民听""民之所欲，天必从之"，演化成为"民为邦本，本固邦宁"的民本主义文化传统，并逐渐在舆论问题上形成"和同论""防川论"，以及近代的"鼻息论"。"和同论"认为意见与言论，宜"和"忌"同"。"和"是意见的协调与提高的表现，而"同"则是一种简单的重复，不利于思想发展，因此需要重视舆论。"防川论"提出的著名口号是"防民之口，甚于防川"，认为舆论"宜疏导不宜堵塞"。"鼻息论"则是近代思想家魏源提出来的。他在《治篇·十二》中论述了广开言路的重要性，认为国家如同人体，帝王是头脑，宰相是手足，诤臣是喉舌，而舆论则是鼻息。一个机体只有时时刻刻息息相通，才能维持生命。因此，对于一个国家来说，必须广开言路，使鼻息时刻畅通。以导为主的舆论观在西方社会也有一个漫长的发展过程。在古希腊，就非常重视民众言论。中国古代的这种重言主义态度同西方重视言论的理论有一致之处。

与重视舆论的态度相反，我国以"禁"为主的轻言主义舆论观发端于战国时期的法家学派，其代表人物是商鞅、韩非和李斯。商鞅提出"民不可与谋"论，认为"舆论"即"愚论"。李斯提出的"禁言纲领"则是中国历史上第一部禁言法律。韩非则对以"禁"为主的轻言主义舆论观进行了最充分的发挥。韩非是一位主张彻底实行封建君主专政，加强地主阶级专政的思想家。他观往者得失之变，认为"邪说暴行有诈"，"处士横议"是妨碍社会统一的重要原因。因此，他鲜明提出了对百姓的所有思想、所有言行、所有作为"太上禁其心，其次禁其言，其次禁其事"的"三禁"。他认为，权民可以利用舆论蒙蔽君主，百姓可以利用舆论非议和反对君主。因此，要维护君主的统治和国家的稳定，就必须对言论实施控制，并提出了以法轨言的法治控制模式和以言去言的言治控制模式。法家上述的以"禁"为主的轻言主义舆论观对中国后世也有重要影响。中国古代的文字狱，可以说是实施禁言主义的典型。[①]

由于重言主义的宽松而导致泥沙俱下，轻言主义的严苛却因噎废食的缺点，在对待舆论上采取"引导"态度是辩证分析的理性选择。一方面舆论引导的前提是舆论的存在和极大丰富，只有这样才有引导的对象，并从中汲取有益成分，因此鼓励舆论表达，

---

① 程世寿：《公共舆论学》，武汉：华中科技大学出版社，2003 年版，第 311—315 页。

采取百花齐放、百家争鸣的开放态度；另一方面引导意味着指引方向、疏导发展，因此又要求舆论理性、规范表达，以达到对社会现实的正面影响的效果，力图营造有益健康的社会心理或理性的意识形式，促进现实的良性发展。媒介舆论引导正是在对舆论采取引导态度的基础上进行辩证理性分析的结果。

三、引导是国家管理的重要体现

在社会管理中，思想舆论虽然以语言信息交流为主要方式，但具有社会控制的功能，古希腊研究专家韦尔南曾经指出："城邦制度意味着话语具有压倒其他一切权力手段的特别优势。话语成为重要的政治工具、国家一切权力的关键、指挥和统治他人的方式。"即语言和思想的作用并不仅限于意识范畴，而是可以成为国家权力的体现和管理的方式。在实际社会生活中，不论媒介的属性如何，实际上都以主流意识形态作为舆论引导的基本依据。在法兰克福学派看来，这是非暴力的文化领导方式。葛兰西说："一个社会集团通过两条途径实现它自己的至高无上的权力：作为统治者和作为文化和道德的领导者。"[①] 即与通过暴力机关实现统治相比，作为文化和道德的领导者，营造主流舆论，塑造影响人的共同文化，提供维系社会的精神力量，正是国家文化和意识

---

① 转引自刘伯高：《政府公共舆论管理》，北京：中国传媒大学出版社，2008 年版，第 42 页。

形态功能的体现，也是一种重要的统治方式。

与暴力的硬性统治方式相比，这种软性统治同样具有巨大的力量。葛兰西在解释文化观念时指出："德·桑克蒂斯曾说：'缺乏力量，因为缺乏信仰；缺乏信仰，因为缺乏文化。'但这里的文化是指什么呢？它无疑是指彻底的、统一的和民族普及的'对生活和对人的观念'，是某种世俗宗教，是某种哲学，它应该名副其实地成为文化，即应该产生某种道德、生活方式、个人与社会的行动准则。"① 在现实社会中，舆论引导就是在主流意识形态基础上，树立社会生活的各种判断标准和行为方式，从而凝聚社会大众，维护政治稳定，因此创造这种精神文化观念的条件是国家职能的组成部分，涉及文化领导和国家统治的重大问题。

历史发展表明，引导主体的理性选择对于社会发展十分重要。从明治维新的历史来看，在日本面临严重民族危机之际，政府推出了一系列改革措施，除了政治、经济、军事方面的革新以外，在思想文化上，派遣留学生到欧美国家学习，效仿西方建立学校教育体系，大力吸收西方的思想文化和社会风俗习惯，努力改造落后愚昧的社会风气，打破了传统的身份等级制度。在政府"求知识于世界"的开放政策下，掀起了传播启蒙思想的热潮，社会舆论大大活跃，为日本迅速崛起奠定了基础。这充分表明了舆论引导主体理性选择的重要性。

---

① 转引自刘伯高：《政府公共舆论管理》，北京：中国传媒大学出版社，2008 年版，第 41 页。

第二节　渠道特征：理性组织

理性的舆论引导主体之所以要选择媒体作为引导舆论的主要工具，除了其社会性广泛，在构建社会意识发挥基础作用外，还因为媒介是一种理性组织，易于掌控，使之按照既定的规则发挥引导作用。这种特点从媒介的性质和运行方式可以看出。

一、媒介的性质

随着大众传播的发展，人们日益发现大众媒介在社会环境监测、社会关系协调、社会价值传达等方面具有突出作用，国家和社会管理者也更加重视利用大众媒介的这种功能来实现和加强对社会的管理。加拿大传播学者哈罗德·英尼斯认为："一种媒介不是某一种文化借以发挥作用的中立机构，由于其特殊方式，它是价值的塑造者，是感官的按摩师，是意识形态的倡导者，是社会格局的严格组织者。"① 因而，媒介是一种依据社会管理和运行的高度理性原则建立的组织。

这种理性组织特性首先体现在媒介机构设置中。从我国媒体

① 钟大年：《电视跨国传播与民族文化》，北京：北京广播学院出版社，1998 年版，第 4 页。

设置看来，我国媒介体制与政治体制、行政体制密切相关，各级媒体对应各级党委、政府，与政治、行政体制同构，媒体在各自的层级范围内，具有一定的政策和资源优势。

二、媒介的意识形态本质

阿尔都塞指出："意识形态对人的控制并不是公开的，而是隐蔽的，我们内化了意识形态，因此不能意识到它的存在和效果。"[1]

结合电视媒介的特点来看，在各种大众媒介中，电视传达意识形态的隐蔽性是最强的。首先，影像传播不需要较高的文化素质也能够广泛渗透到社会的各个阶层，这就使得许多人不需要过多思考就可以获得信息；其次，电视拥有强烈的现场感和冲击力，一般人很难把这种经过选择的"象征性现实"和真正的现实区分开来；最后，相比于文字和电波的抽象性，影像具有"形象大于思想"的特质，甚至还多少带有一定的审美意味，使人不知不觉进入传播者所倡导的思想观念之中。借助电视的娱乐性、通俗性、审美性等特征，使民众在大众文化消费的快感中实现国家意识形态的教化要求。"消费者对文化商品的选择，就是对意义、快感

---

① 罗钢、刘象愚：《文化研究读本》，北京：中国社会科学出版社，2000 年版，第12 页。

的选择，即意识形态的选择。"① 因此，从根本上看，电视话语是国家权力的一种体现，电视影像从本质上是一种"权力影像"，这种影像符号处于一个严密的规则系统之中，有既定的运作要求。电视在制造愉悦的同时，也传播着社会的主流价值观念，符合管理者要求的话语系统等"一系列具体的利益"。因此，电视以其具有审美特点的大众性意识形态符号特色，构成了当前各种主流价值传播符号的重要组成部分，并在政治信息传播中体现出明显的特点和优势，其本质仍然是意识形态的维护工具和手段。

三、媒介融合时代的网络属性

当前，生产力的发展和技术手段的革新推进了媒介传播事业的发展，以互联网为代表的"第四媒体"，将媒介传播推进到了"媒介融合"时代。其显著特征是在科技发展的支撑下，"数字技术改变了获得数据、视像和语言三种基本信息的时间、空间及成本，各种信息在同一个平台上得到了整合，不同形式的媒介彼此之间的互换性与互联性得到了加强，媒介一体化的趋势日益明显"②。但是，具有中立性的科学技术造就的并不是一个中立的综合性媒介平台。在技术性突出的网络传播中，并不是谁都能拥有

---

① 隋岩：《多重复合的当代中国电视文化意识形态》，《中国人民大学学报》，2002 年第 5 期。
② 喻国明：《传媒经济学教程》，北京：中国人民大学出版社，2009 年版，第 52 页。

技术的控制权，甚至还会形成"技术霸权"，在日益全球化的信息网络系统中，谁拥有最好、最先进、最具市场价值的信息传播技术，谁就会具有控制或影响融入网络社会中不同群体的"霸权"力量。在现实政治社会中，只有占据主导位置的国家力量才是这种"霸权"的拥有者。虽然互联网时代"人人都有麦克风"，网络信息的快速、便捷和丰富也确实在一定程度上促进了媒介信息的传播，但是"技术霸权"的拥有者也加强了对网络的技术监管、制度规范和法律约束，并对道德自律和提高媒介素养提出了要求，这也使得网络信息传播依然具有很强的政治属性，仍然是一种理性组织。

四、完善媒介舆论引导渠道体系

在长期的历史发展中，我国主流媒体已经积累了广泛的品牌影响力。虽然在相当长的时间内传统媒体在舆论引导格局中的主导地位不会变化，但在新形势下，传统媒体通过品牌延伸，大力发展所属相关媒体和新兴媒体，是完善引导渠道体系、提高舆论表达能力的必由之路。有些传统媒体，如《人民日报》发挥品牌优势，通过品牌延伸，整合社属报刊、网络等宣传媒体，形成了以《人民日报》为主体，社属报刊、网络以及新媒体相互补充、密切配合的新闻宣传和舆论引导渠道体系，提高了舆论表达能力。[①] 同样，其他媒体也可以发挥科技含量高、技术包容量大等自身优势，通过发挥品牌优势，适当进行品牌延伸，综合利用自身内容优势和新兴媒体的渠道优势，对于建构完善的舆论引导渠道体系，提高舆论表达能力具有重要意义。

第三节　内容特征：理性结构

在媒介舆论引导中，在引导主体理性选择的理念指导下，媒介舆论引导文本具有非常不同于其他文本的性质，尤其是和作为情感性文本的艺术文本相比差异很大。媒介引导文本是一种说明性文本，具有十分不同的信息结构、功能作用、形成策略和接受方式，这使得引导内容呈现出"理性结构"样态。[②]

一、媒介文本是精心策划的文本

从信息建构的角度看，舆论引导是"传播控制者通过对有关信息的组织、选择、解释、加工和制作来影响公众舆论的耗散状

---

① 王晨：《努力提高舆论引导能力——谈谈十六大以来人民日报的新闻宣传工作》，《新闻战线》，2007 年第 10 期。

② 参见陈力丹：《舆论学—舆论导向研究》，北京：中国广播电视出版社，1999 年版，第 172—178 页。

态，进而促使其向着自己希望的方向发展变化的一种社会过程"。① 在这个过程中，"信息的组织、选择、解释、加工和制作"是改变舆论分散状态，实施正确舆论引导的关键。因此，在新的历史时期，传统主流媒体一定的信息资源优势已经不能保障长期引导优势，甚至会形成"资源诅咒"效应，为故步自封和不思进取提供保护伞。在公众媒介判断标准已然变化的情况下，结合舆论环境显著变化的实际，加强舆情分析研判，创造性地建构多元舆论环境下的引导信息内容，才是保持引导优势的长远之策。

具体来说，在日常舆论引导中，要遵循新闻传播规律，通过精心选择事实进行报道，适时开展新闻评论，潜移默化地发挥引导功能；在重点舆论引导中，要强化议程设置，做好深度报道，满足受众的深层信息需要，有针对性地解决实际问题；在突发事件舆论引导中，要突出快速、准确和权威性，赢得引导的主动位置，发挥舆论引领者的作用。总之，要针对多种不同舆论类型，选择不同引导侧重点，形成高质量的舆论场，既做到表层意见的引导，又做到较深层次的社会态度和价值观的引导，成为人民群众获得舆论信息的主渠道。

以有关电视媒体的世博会报道为例，针对世博会时间跨度大、世博会报道时间跨度更大的特点，电视媒体制定了相应的"持久报道"策略，结合世博会的日程和进展情况，科学划分了报道阶

---

① 喻国明：《目标设定的兼容与资源配置的优化——试论舆论引导的选择性操作》，《青年记者》，1997 年第 6 期。

段，确定了不同阶段的任务。总体来看，电视媒体把世博会报道
分为 1 月 21 日—3 月 31 日预热阶段，4 月 1 日—29 日倒计时阶
段，4 月 30 日—10 月 31 日开园展出阶段和 11 月 1 日—10 日盘点
阶段。各个报道阶段分别要完成氛围营造、开园预演、正式报道、
总结梳理等任务，这些任务环环相扣，形成一个有机的世博会报
道整体。在贯彻持久报道战略的过程中，容易因追求平稳而显得
平淡，这就要求在持续关注的同时也做好重点关注。因此，电视
媒体针对各报道阶段中的具体情况，集中做好重点报道，使整个
报道既平稳推进，又亮点频出，保持了观众的注意力。在进入倒
计时阶段后，电视媒体依托世博会筹备进程中的重大节点，创新
报道方式，提出了重在创意、追求精品、主打特色、强化影响的
目标，以区别于常态的节目设计，相继推出倒计时 20 天、15 天、
10 天和 5 天特别报道。这些精心策划的报道持续吸引了观众的注
意力，起到了较好的舆论引导效果。

二、媒介文本是不断调整传—受关系形成的文本

从传播者与受众的关系看，一般有宣传支配、说服同化、对
话协商三种类型。在三种类型中，宣传支配受众参与程度最小，
对话协商参与程度最大，说服同化居中。舆论引导强调的是以主
流舆论信息建构引领舆论方向，改变了以前单向传播的宣传支配
方式，需要以主导舆论说服、统摄非主导舆论，达到舆论支流融

入舆论主流的效果。这就要求调整和引导对象的关系，变宣传为说服，以多样引导方式满足对象的引导需求。

当前我国群众仍然对主流媒体有较高的信赖度，在舆论方向尚不明确的情况下，往往对主流媒体有较多期待。这就需要准确分析把握引导对象价值取向、生活方式、消费特征、认知模式、心理需求的变化，突出针对性和贴近性，以高质量的舆论信息内容和引导方式满足受众的"期待视野"，达到政府所关注的、媒体所报道的和群众所关心的三种"议程合一"的理想效果。

这就必须注重在具体事件报道中恰当把握好受众的心理变化过程，实现有效传播。以 2010 年社会影响较大的王家岭矿难救援报道为例，在透水事故发生后，一些矿工和家属存在较强的不满情绪，在媒体记者刚刚到达时，还存在误解，认为媒体"该报的不报"，甚至出现过砸记者报道机器、打人、冲击有关管理部门的情况。经过媒体快速及时的报道和相关声音的表达，使得许多矿工和家属逐渐产生了信任感，主动向记者提供了许多信息，为开展救援、分析责任发挥了积极作用。在事故救援进入徘徊阶段，社会各方都处于焦虑不安状态时，2010 年 4 月 2 日下午，媒体记者在坚守了 28 小时后，向全国传递出井下发现生命迹象的消息，让广大公众为之振奋。当生命信息突然消失，有人对此前的报道出现质疑时，记者以严谨科学的态度确认了生命信息的存在，鼓舞了救援人员和社会公众的信心。困境中的媒体报道不仅振奋和鼓舞了广大社会公众，也抚慰了当地矿工和家属的不满情绪，当地救援指挥部曾说："中央台的直播，让家属的安抚工作好做多了，他们充分信任你们。"

在救援取得重大进展，许多被困人员成功升井后，媒体报道把井下的情况作为重点，挖掘了许多被困人员的感人故事和细节，全面展现了在王家岭救援中不抛弃他人的援助意识和不放弃自己的生命意识。在《中国青年报》的调查中，64.2%的人对王家岭被困矿工的求生精神感到"震撼"，57.3%的人表示这种精神让他们"无比敬佩"，52.7%的人承认这种精神让自己"深受感动"。在"是什么让115名矿工坚持8天8夜"的问题上，群众评出的前三位原因依次是：求生意志（71.4%）、队友间的互相帮助（64.4%）和对亲人的牵挂（63.4%），[1]这充分体现了媒介报道对于道德规范和情感品质的重建作用。

三、媒介文本是具有一定审美意义的文本

传播有限效果理论认为，传播效果可体现为改变原有观念、强化原有观念、明确不确定观念等多方面，而其中改变原有观念的比例最小，强化原有观念的比例最大，是大众传播的最主要效果。虽然审美特性并不是媒介文本的优势，但必须提高审美性，才能进一步增强引导效果。以电视媒体为例来看，电视作为具有

---

[1]　数据来源：《民调：93.3%的人关注王家岭煤矿救援进展》，《中国青年报》，2010年4月13日。

审美特征的大众性意识形态符号，在强化既有观念方面具有较大优势，电视的意识形态是以一种审美和含蓄的方式显现在电视节目构造的有形声像和无形意境中。"这种意识形态由于其审美特性，而具有深刻性"，[1] 能够让观众在对快乐和意义的追寻中实现强化既有观念的效果。因此，电视构建丰富多彩的新闻、文艺、社教、经济、少儿等节目类型，把主流观点寓于节目的形象、声音和情感中，对于提高节目感染力，强化舆论引导效果是大有帮助的。

第四节　角色特征：理性关系

在媒介舆论引导中，引导并不直接针对个人或群体，而是针对作为精神成果的舆论意见，把这些舆论作为直接对象，因此从对象角度探讨媒介舆论引导的特征就需要把握媒介和舆论的关系。总体上看，媒介和广泛的社会舆论形成了"理性关系"，对于这种"理性关系"的具体体现，舆论研究学者麦克利德等认为："媒介在舆论形成过程中的角色，是作为（1）渠道或联系者，（2）变动的代言人和（3）认识方法发挥作用的。"[2] 可见，在舆

---

[1]　隋岩：《多重复合的当代中国电视文化意识形态》，《中国人民大学学报》，2002 年第 5 期。

[2]　转引自陈力丹：《舆论学—舆论导向研究》，北京：中国广播电视出版社，1999 年版，第 104 页。

论形成乃至引导过程中，媒介主要发挥"作为渠道""作为内容""作为方法"的角色在反映、表达、影响舆论中发挥作用，在实践中，这些角色往往得到综合运用。这实际上是媒介引导过程和社会舆论理性关系的体现。

一、"作为渠道"的媒介

媒介作为渠道，即舆论的反映者，为发挥传达舆论的载体和集纳舆论的平台、提供舆论交流的论坛而存在。这是因为，舆论的表达主体是社会公众，是自在地对外部社会有一定的共同知觉，或者对具体的社会现象和问题有相近看法的人群。人们通过媒介表达自己的思想和观点时，就如媒介本身在发表见解。其实这时的媒介只是一种载体，是不同思想、派别、政治立场、态度、观点的人宣传自己思想并进行辩论的论坛。在这个公共论坛中，不同意见经过直接接触、交换、讨论、争论后，逐渐融合而发展为新的趋同意见。媒介在这个过程中，作为"意见市场"而存在，社会各界通过媒介可以广泛了解舆论意见的情况。

但是，在作为渠道发挥作用时，媒介并不是简单被动反映舆论，而是能动反映舆论。由于社会系统巨大、社会公众多样，决定了自在的社会舆论往往是分散的，有时甚至是相互矛盾的，体现出舆论的"有限价值"特征。这就需要媒介在反映舆论时对这些分散的、自在形态的社会舆论进行去粗取精、去伪存真的工作。

通过概括提炼，精确反映具体舆论的本质和要点；通过选择突出，强化正面舆论的作用；通过淡写弱化，降低负面舆论的影响；通过传播整合，增强舆论理性，提高质量；通过淘汰净化，去除舆论中的固有弱点。经过这一系列的理性操作，媒介反映的舆论就能够克服一般舆论的缺陷，为主流舆论的形成打下基础。

在这个过程中，起初处于相似地位的各种舆论经过媒介的反映结果会迥然不同，有的强化，有的弱化。之所以能发挥这种作用，在于媒介具有"赋予地位"的特征——相似的对象经过媒体的选择报道后受到更多关注，提高其地位，因而作为渠道的媒介虽然主要是反映意见的载体，但"媒介不是单纯的载体，它对舆论的选择性报道和评价可能造成一些舆论的扩张和另一些舆论的衰退"。这固然是舆论与媒介互动的结果，但也反映出在这种互动中，媒介实际上处于主动地位。如我国一些主流媒体，始终坚持正面宣传为主的原则，牢牢抓住改革开放和现代化建设这个主题，积极宣传经济发展和社会进步的主流，通过报道社会主义建设成就、典型人物的高尚品德和情操、党和政府亲民爱民的形象和人民群众生活、福利不断改善和提高的现实，树立起公众对党和政府的信心，对国家发展和文明进步的信心。在新闻宣传工作中，始终坚持正确舆论导向，提高舆论传播的新闻性、贴近性、知识性、趣味性，不断提高舆论引导能力，提升舆论引导艺术，"推动正面声音，引导中间声音，化解负面声音"，为广大受众提供喜闻乐见的信息，形成了正面宣传的强势，有效引导了社会舆论。

二、"作为内容"的媒介

　　同作为渠道的媒介不同，在"作为内容"的角色中，媒介需要结合现实问题和舆论状况形成自身的意见看法，对社会舆论产生影响。在这个角色中，媒介更加深入地参与到舆论形成过程中，形成自己的"媒介舆论"。有研究者认为，媒介舆论是指"通过媒介的信息传播活动而表现出来的一种社会舆论。它包括各种传播媒介，尤其是报纸、广播、电视等新闻传播媒介刊登的言论、来信、社会讨论、社会调查、民意测验等"。[1] 这里认为，需要把反映舆论和形成自身的舆论区分开来，媒介只有在发挥"模拟公众"作用、独立形成自身的意见时才形成了媒介舆论。当然这种独立是相对而言的，媒介舆论实质上是在传播过程中形成的意见流，它既是由传者到受传者的意见传播过程，又是由受传者到传者的意见反馈交流过程；既是意见的"发布传播"过程，又是一种旨在影响他人的劝导说服过程，因此离不开对舆论的实际情况的把握，但它和反映舆论的区别在于，它在事实上形成了自身的看法和意见。

　　作为一种舆论形式，媒介舆论具有一般舆论的共同特征，如具有特殊的、具体的指向，是一种公开的意见表达与传播，具有

---

　　① 程世寿：《公共舆论学》，武汉：华中科技大学出版社，2003 年版，第 167 页。

鲜明的价值取向，是一种发生效力的意见流，具有变动性，是一种强大的力量等。但区别在于媒介舆论在舆论形态方面具有多样性，报纸的言论、政论、短评、电视的特别节目、栏目、新闻评论等多种方式都可以表达媒介的看法。

如在有关电视媒体的上海世博会"5·1"特别报道中，在报道内容丰富，报道方式具有艺术性，报道手段也有创新的基础上，与一般的新闻报道不同，世博会报道需要发挥较强的社会引导功能。电视作为主流媒体还需要表达自己的看法，针对现实问题发挥社会引导作用。因此，在进行新闻报道、信息服务的同时，发挥电视报道的社会引导作用就十分重要了。这次特别报道明确提出了自己的观点，实现了四个方面的引导：一是引导公众参观。针对公众对中国场馆了解多而外国场馆了解少，浦东园区人流多而浦西园区人流少的情况，特别报道充分介绍国外展馆的特色和情况，把人流较少的"城市最佳功能实践区"作为重点推介，帮助公众全面理解创新价值，起到了分流人群、引导参观的效果。二是引导对世博会的理解。对世博会的全面理解是有所收获的思想基础，重要性不言而喻。特别报道在对世博会的主题分析和历史概述中，梳理出世博会从具体物质展示到高新技术展示，继而到发展理念推广的逻辑思路进程，启示人们现代的世博会已不仅仅只是一个成就展，而是一个"以教育和探讨为目的，有主题的综合性展览会"，其包含的丰富展示、论坛和演出活动内容已经使现代世博会成为各个国家竞赛创新能力和思想水平、文明发展程度的综合性竞技场，对于改变传统观念具有重要价值。三是引导对开幕式和开园仪式的合理评价。由于世博会和奥运会性质不同，开幕式和开园仪式负载了不同的任务和意义。因此，报道注意引导公众对这两个仪式树立合理评价标准，避免了因与奥运会比较而产生的心理落差。四是引导树立新型发展理念。世博会给国际社会留下了追求进步、崇尚创新、开放共荣、倡导和谐的宝贵精神财富，科学发展、创新发展、和谐发展、可持续发展是面向未来的重要发展理念，特别报道通过丰富的报道内容、典型的事例和人物、多样化的报道手段，推进了社会公众对新型发展理念的理解和认同，起到了"发挥世博价值，促进自身改变"的引导效果。

三、"作为方法"的媒介

和以上两种角色不同，作为认识方法的媒介主要是通过隐性的方式，潜移默化地培养某种价值观念，教会人们树立评价事物的特定方法，潜在发挥导向作用，引导人们认识事物。在实际运行中，媒介通过信息把关、建立框架、议程设置等实现"作为方法"的媒介角色。

一是信息把关。这是传播学中的常见理论。"把关人"又称"守门人"。"把关人"（gatekeeper）概念最早是由美国社会心理学家、传播学的奠基人之一库尔特·卢因在研究群体中信息流通渠道时提出的。1947年，卢因在《群体生活的渠道》一书中系统论述了这个问题，他认为在群体传播过程中存在着一些把关人，只有符合群体规范或把关人价值标准的信息内容才能进入传播的管道。20世纪50年代，传播学者怀特将这一概念应用于新闻研究，提出了新闻传播的"把关"过程模式。怀特认为，新闻媒介的报道活动不是"有闻必录"，而是对众多的新闻素材进行取舍选择和加工的过程。在这个过程中，传播媒介形成了一道关口，通过这个关口传达给受众的新闻或信息只是少数。

在媒介的"把关"标准中，一般有专业标准、市场标准、政治标准等，但核心仍然是媒介组织的价值观和立场。对信息的"把关"提示人们，媒介的信息传播并不具有纯粹的"客观中立性"，而是根据传媒的立场、方针和价值标准而进行的取舍选择和加工活动。通过把关，这种价值标准将逐渐传递到受众群体中去。

二是建立框架。把关的具体实现的依据在于建立某种框架，因为媒介在其价值观念指导下，形成了一系列"框架结构"，以此来作为把关的取舍标准。"框架"原来是指用来起固定作用的结构方式。在传播学中，学者们认为框架是人们将社会真实转换为主观思想的重要凭据，也就是人们或组织对事件的主观解释与思考结构。而框架的来源一方面是过去的经验，另一方面是经常受到社会文化意识的影响。

由此可见，框架的本质功能是发挥肯定和否定作用，在肯定一部分的同时否定另一部分，并因此发挥基础组织和架构作用。对于肯定的部分，选择、强调或持续化，对于否定的部分则放弃、淡化或短暂化，这种框架基本仍然以媒介的立场和价值观为基础建构，在具体运行中，可分为编辑记者的个人框架，编辑部的框架和媒介组织的整体框架，各种框架都引导人们进入预定的结构模型之中，发挥思想方法作用。

三是设置议程。议程设置是大众传播媒介影响社会的重要方式，"大众传播可能无法影响人们怎么想，却可以影响人们想什么"，这是议程设置的理论基础。该理论认为大众传播往往不能决定人们对某一事件或意见的具体看法，但可以通过提供给信息和安排相关的议题来有效左右人们关注哪些事实和意见及他们谈论的先后顺序，即议程设置的作用可以体现在认知方面、次序方面和显著性方面，达到引起注意、排列次序和暗示意见的效果。其实，通过"影响人们想什么"，最终也会达到"影响人们怎样想"的效果，这就是议程设置在方法论层次的作用体现。

除此之外，媒介还在舆论引导中利用"沉默的螺旋"等社会心理学规律，力图对社会人群发挥影响力，既从具体事件上，也从方法指导上实现舆论引导的效果。

第五节　效果特征：理性秩序

从舆论引导的整个过程来看，要经过从无序到有序的过程。

这是由微观具体舆论和宏观舆论环境两方面决定的。从微观层面看，《现代舆论学》认为，舆论形成从信息的"贝纳特对流"开始，经过认识整合和心理整合，最终意见通过涨落，发生相变，产生新的有序结构——舆论。① 同样，在整个宏观社会舆论中，仍然存在着无序的"贝纳特对流"现象，许多不同舆论在起初也会出现众说纷纭、莫衷一是的情况，只有经过舆论引导，才能形成主流舆论，促进社会良性发展。因此，一次完整的舆论引导过程常常是：某种社会存在或其相关信息——激发社会心理形成个人意见——公共论坛中的传播整合——具体舆论的形成与传播——各种社会舆论的众说纷纭——经引导成为理性社会意识形式或纳入社会意识形态——正面影响社会存在，最终是实现政治稳定、社会进步、个人发展的目标。这种追求理性秩序目标的特征在媒介舆论引导的基础依据、目的指向、客观价值方面都有具体表现。

一、主流意识形态是媒介舆论引导的基本依据

舆论引导不同于舆论意见的自由发挥，而是站在舆论整体的宏观把握高度，以明确的价值判断标准和工作指向来鉴别不同舆论的性质和特点，做出相应处置。在这个过程中，社会主流价值观念和意识形态是媒介决定取舍的基本依据。这一方面与舆论引导和国家管理主体的思想氛围密切相关，马克思、恩格斯指出：

---

① 徐向红：《现代舆论学》，北京：中国国际广播出版社，1991 年版，第 159 页。

"统治阶级的思想在每一时代都是占统治地位的思想。这就是说，一个阶级是社会上占统治地位的物质力量，同时也是社会上占统治地位的精神力量。支配着物质生产资料的阶级，同时也支配着精神生产资料……占统治地位的思想不过是占统治地位的物质关系在观念上的表现，不过是以思想的形式表现出来的占统治地位的物质关系。"① 因而掌握物质资料生产的阶级必然也掌握精神资料的生产，要求各种不同舆论趋向主流价值观念。另一方面，主流价值观念更加全面地反映了社会和历史发展的主要特征和趋势，美国学者道格拉斯·诺斯认为："意识形态是指人们解释周围世界时所拥有的主观信念，无论在个人相互关系的微观层面上，还是在有组织的意识形态的意识层面上，它都提供对过去和现在的整体性解释。"② 加迪斯认为："有意识形态要比没有意识形态使人们更容易地对待现实。意识形态为理解复杂的现实提供简单的模式。"③ 因而，相对于社会舆论的纷繁复杂，主流意识形态为社会不同思想意识树立了基本判断依据，具有维护政治稳定、文化交流乃至促进经济发展的作用。

在我国，主流意识形态即是以马克思主义为指导的社会主义意识形态，它是社会主义社会经济基础和政治上层建筑的自觉反

---

① 《马克思恩格斯选集》第 1 卷，北京：人民出版社，1995 年版，第 98 页。

② 〔美〕道格拉斯·C. 诺斯：《制度、制度变迁与经济绩效》，刘守英译，上海：三联书店，1994 年版，第 36 页。

③ 转引自〔美〕雷迅马：《作为意识形态的现代化》，牛可译，北京：中央编译出版社，2003 年版，第 21 页。

映。中国特色社会主义新时代对主流意识形态的构建要求，具体说来，在牢牢掌握意识形态领导权方面，要推进马克思主义中国化时代化大众化，建设具有强大凝聚力和引领力的社会主义意识形态，使全体人民在理想信念、价值理念、道德观念上紧紧团结在一起。要加强理论武装，推动新时代中国特色社会主义思想深入人心。在培育和践行社会主义核心价值观方面，要以培养担当民族复兴大任的时代新人为着眼点，强化教育引导、实践养成、制度保障，发挥社会主义核心价值观对国民教育、精神文明创建、精神文化产品创作生产传播的引领作用，把社会主义核心价值观融入社会发展各方面，转化为人们的情感认同和行为习惯。在加强思想道德建设方面，要广泛开展理想信念教育，深化中国特色社会主义和中国梦宣传教育，弘扬民族精神和时代精神，加强爱国主义、集体主义、社会主义教育，引导人们树立正确的历史观、民族观、国家观、文化观。[①]

二、媒介舆论引导具有鲜明的目的性和倾向性

在主流意识形态的基础上，媒介舆论引导一开始就具有鲜明的目的性和倾向性。在发挥作为渠道、作为内容、作为方法的角

[①] 习近平：《决胜全面建成小康社会 夺取新时代中国特色社会主义伟大胜利——在中国共产党第十九次全国代表大会上的报告》，北京：人民出版社，2017 年版，第 41、42、43 页。

色中，媒介不断对舆论进行选择区分、矫正提高，使之更符合国家管理主体的政治目标和社会目标。因而，无论是反映的社会舆论、形成的媒介舆论还是潜移默化的价值观念影响，都具有明确的倾向性，赞成或反对，褒扬或批评，倾向鲜明、毫不含糊。媒介舆论引导主体正是通过带有倾向性的意见表达，表明他们对某一社会问题和公共事务的看法和立场，并通过这种鲜明倾向性的舆论，来加强或改变人们的具体意见和言行，直至影响人们的基本立场和价值取向。如在前几年的电视舆论引导中，有些地方电视台出现播放反映韩国建国、鼓吹国家分裂的韩版电视剧，这与我国维护祖国统一的主流价值观念格格不入，也与历史情况大相径庭，根据宣传管理部门的意见，各地电视台被严格禁止播放此类电视剧，并进一步加强了管理。

三、媒介舆论引导具有客观的价值功能

在明确的目的性和倾向性的指导下，媒介引导舆论具有客观的价值功能，具有政治、经济、文化、社会方面的实际作用。在政治上，舆论引导一般是从统治者的角度进行意见构建，从完善和改良统治方式的角度进行批评，并对社会意见进行整合，去粗取精，确立某种主流意见，凝聚社会意志，提高凝聚力解决问题的集中性，批判不能纳入体系的错误和异质性意识，从而维护统治的合法性。在经济二，"如果没有一种明确的意识形态理论或

知识社会学理论，那么，我们在说明无论是资源的现代配置还是历史变迁的能力上就存在无数困境"。同时，诺斯指出，在协调社会利益矛盾中，可以采用政治的、经济的、法律的多种方式，但是相比而言，意识的方式成本是最低的。舆论引导就是要创造这样一种现实的意识，因为"意识形态是一种节约机制，人们认识了他们所处环境，并被一种世界观导引，从而使决策过程简单明了"。① 一旦舆论引导不利，则经济成本更大。在舆论引导中，诚实、信用等观念融入社会价值体系中，强化人们的自觉性，约束自身行为，增加信任，减少摩擦，降低了社会成本。此外，在文化和社会层面，具有促进知识体系建构，协调社会利益关系，整合社会力量解决问题，调节疏导社会心理，促进和谐发展的客观效果。②

总体来看，"过程"是事物发展所经过的程序和阶段，从系统论的角度看，"过程"是一种能将输入转化为输出的手段，通过输入人力、规程、方法、信息以及工具等内容，可以输出所期望的结果，在从输入到输出所经历的程序和阶段中，包含着一些起重要作用的基本节点和要素。从宏观上看，舆论引导必然体现为一个过程。从不同方面看，舆论引导包含着对公共事物性质和发展规律的逐步深入把握，是一个认识过程，也是社会管理者对

① 〔美〕道格拉斯·C. 诺斯：《经济史中的结构与变迁》，陈郁等译，上海：三联书店，1991 年版，第 53、59 页。
② 参见聂立清：《我国当代主流意识形态认同研究》，北京：人民出版社，2010 年版，第 44、45 页。

社会思想观念的集中和规范的管理过程，同时还是引导主体在思想领域和广大社会公众中建立联系和处理关系的公共关系过程。

但是，舆论引导却是通过传播过程来实现的。如美国学者施拉姆对"传播"的定义那样："是指职业传播者使用机械媒介（如印刷报刊的印刷机、传播信息的电台、电视台的电讯机构），广泛、迅速地传播信息，以期在大量的、各种各样的传播对象中，唤起传播者预期的意义，试图在各方面影响传播对象的一个过程。"① 这个定义涉及了传播的基本要素，也反映了舆论引导的基本特征，舆论在形成过程中，必然要经历自身传播、人际传播、大众媒介传播等，符合传播的规律。同时，它也指出，与舆论是对社会存在的刺激—反应不同，舆论引导是对社会意识的主动建构，具有自觉、理智、有组织等特征，媒介舆论引导就是引导主体通过有计划、有目的地开展媒介传播，对社会舆论施加影响，建构符合引导主体需要的社会意识的过程。

---

① 转引自程世寿、胡继明：《新闻社会学概论》，北京：新华出版社，1997 年版，第37 页。

第四章　媒介舆论引导方法

"当代认同问题归根到底是一个价值认同问题。……对认同危机的思考和解决必须与价值认同的建构联系起来看。"

——中国学者

从社会意识成分的具体内容来看，知、情、意是其中的基本方面。在基础舆论学研究中，舆论是内在"态度"的外在表达，表达态度的"意见"实际包含三种层面的意识成分：在认知层面，体现为事实陈述与评价，称为"见解"；在情感层面，体现为肯定或否定的价值取舍，喜怒哀乐的情绪选择，称为"偏好"；在意志层面，体现为引发行为的动机、意图、愿望、要求等，称为"意向"。[①] 从整体上看，这三种意识成分是针对具体公共事务

---

① 徐向红：《现代舆论学》，北京：中国国际广播出版社，1991年版，第139、146、150页。

体现出来的意识表层部分，现实社会中的媒介总是或隐或显地包含着某种深层的立场和价值取向，只是通过表层的意识成分体现出来。对舆论引导来说，影响表层的意识固然重要，但价值观念的引导更为重要。因此，媒介舆论引导就是要在认知层面、情感层面、价值层面都取得效果，才能更好达到舆论引导的目标。

第一节　传播信息，平衡利益关系

如前所述，舆论意识是一种实践性意识，首先体现在认知层面的见解或评价，这是舆论首要的和基本的要素，也是其他意识要素赖以存在的前提和基础。这些见解或评价并不是坐而论道或抽象的玄思，而是具体指向某一特定的公共事务，根据群体的需要，对其提出某种期望、建议或要求。这使得舆论中的认知在本质上是一种利益关系的认知。媒介舆论引导就需要通过信息的传递，平衡公共事务中包含的利益关系，以此促进解决现实问题，确立新的行为方式和社会关系模式。

一、舆论的利益本质

对于舆论的定义，众说纷纭，分别强调了表层意识、一致性、社会问题引发等不同定义项。有学者曾指出："舆论是利益关系相近的人们对其所关注的某一现实问题的共同意见。"① 在多种舆论的定义中，这个定义指出了舆论精神意识下包含的利益关系实质。在阶级社会，掌握物质资料生产的阶级也掌握着精神资料的生产，同样可以反过来说，生产某种精神意识的群体，也在间接生产某种物质资料。从这个角度看舆论中的"公众"的联系一方面在于精神的相通和自由表达，另一方面看来，这种精神相通和自由表达的基础是利益关系的一致。马克思主义并不否定利益问题及其存在，"人类努力所争取的一切，都直接或间接和他们的利益相关"，"思想一旦离开利益，就一定会使自己出丑"。"这种利益是如此强大有力，以至顺利地征服了马拉的笔、恐怖党的断头台、拿破仑的剑，以及教会的十字架和波旁王朝的纯血统。"② 这些思想观点不仅是唯物史观的体现，也是分析复杂社会现象的指导方法。"象征性社会互动"理论指出了人类必然围绕某种具有象征性的意义通过社会互动来展开活动，如果说意义是"人给对象事物赋予的含义"③，那么利益则赋了了人类活动以意义，社会互动也是围绕它展开，区别只在于和利益关系的现实或长远、局部或整体、直接或间接而已，即使是作为超功利的审美活动，也包含着审美主体的精神利益因素。作为实践性观念的舆论意识，更是包含多重现实利益因素。

---

① 郑保卫：《新闻理论新编》，北京：中国人民大学出版社，2007 年版，第 56 页。
② 《马克思恩格斯全集》第 2 卷，北京：人民出版社，1957 年版，第 103、104 页。
③ 郭庆光：《传播学教程》，北京：中国人民大学出版社，1999 年版，第 47、52 页。

1. 主体的需要是舆论的动力源

马克思把人看作"社会关系的总和",把舆论主体看作具有多种社会需要的现实人,从利益需要来分析舆论的动力源。在马克思主义看来,人类社会行为的内在动力不在于文化因素、精神因素,而在于人类的需要。一方面人们为了能够"创造历史",必须能够生活,为了生活,就需要先解决衣食住行,生产满足这些需要的资料,在已经得到满足的需要基础上又产生新的需要,这种不断产生的需要正是社会发展的动力源泉。在现代社会中,根据需求层次理论,人的需要可分为生理需要、安全需要、归属感需要、尊重和地位的需要、自我实现的需要等不同层次,低层次的需要满足后引起满足高层次的欲求,因此马克思认为:"人以其需要的无限性和广泛性区别于其他一切动物。"

在现代社会,舆论主体具有更为复杂的需要系统,需要具有更多的无限性和广泛性。这成为舆论产生的根本动力。这种需要具有两个特点:一是需要与满足两者之间具有不可分割性。任何需要,不管其强弱程度如何,也不管其满足的可能性有多大,它都有一个不可停止的、要求满足的态势或趋势。二是持久性,即需要成为公共舆论的一种持久动力,还在于它有一种永不满足的特性。一种需要满足了,动力不会就此消失,还将继续为新的需要所推动,从而使公共舆论具有一种不会间断、不可遏制的发展趋势。[①] 从这个意义上井,需要的无限性决定了舆论的无限性。

①　程世寿:《公共舆论学》,武汉:华中科技大学出版社,2003年版,第153页。

2. 舆论客体具有明显的社会功利性

舆论的客体是现实社会的各种现象和问题，在舆论学中称为"公共事务"。公共事务不同于一般的社会事务。首先，它往往是具有明确指向的现实利益问题，关系到社会群体的切身利益，因此具有强烈的功利性。舆论的客体不是抽象的、漫无目标的，而是具体的、有明确指向的，它总是与大多数人的利益相关，是现实社会存在和社会生活的直接反映。有时指向某一个人或一个组织，有时指向一件事或一个具体问题。其次，易于引发舆论的公共事务往往是社会上发生的新鲜事实，能够引起共同兴趣，对人们有强烈的刺激性和吸引力，新异性越强，就越容易形成社会舆论。最后，引发舆论的公共事务不是一般的问题，而是具有一定的争议性。一般问题可以回答"是"或"不是"，即使是一个难题，也会有明确的处理方法，而引发舆论的客体表现为一个"议题"，是一个悬而未决的、没有固定处理方案而又有广泛社会影响的问题，不同利益群体分别根据自身的标准提出意见，围绕着这个社会议题而展开争论，这就决定了舆论具有争议性和多样性。因此，有学者在阐述舆论的定义时突出了社会问题的争议性质。当然，新异性和争议性的基础是舆论客体的社会功利性。

3. 舆论过程是理性实现过程

古罗马演说理论家昆体良说："人生来就有理性，就像鸟生来会飞，马生来会跑，食肉兽生性凶猛一样。"理性是人的一种本能，因此需要诉诸理性的说服方式。在社会学中，"理性"就是基本概念之一，其核心内涵据认为是："人类有一种本性，渴望获取，并希望成功，这种本性关注的焦点就是直接而即刻的回报。"① 可见，社会学角度的"理性"本质就是个人利益的最大化。舆论的传播整合过程是具有理性精神的个体，对社会现实问题进行观念的自由交流，以实现群体及个人利益的最大化。从这个意义上来看，舆论过程实际上是社会群体利益冲动的理性实现过程。

在这方面，韦伯对市场经济的观点对于我们理解舆论的理性过程很有启示。韦伯指出："获利的欲望，对营利、金钱（并且是最大可能数额的金钱）的追求，这本身与资本主义并不相干。这样的个体存在于并且一直存在于所有人的身上，侍者、车夫、艺术家、妓女、贪官、士兵、贵族、十字军战士、赌徒、乞丐均不例外。可以说，尘世中一切国家、一切时代的所有的人，不管其实现这种欲望的客观可能性如何，全都具有这种欲望。在学习文化史的入门课中就应当告诉人们，对资本主义的这种素朴看法必须扔得一干二净。对财富的贪欲，根本就不等同于资本主义，更不是资本主义的精神。倒不如说，资本主义更多的是对这种非理性欲望的一种抑制或至少是一种理性的缓解。"② 任何社会群体都有其利益需求，通过意见表达和讨论的方式体现出来，可以说

---

① 〔澳〕马尔科姆·沃特斯：《现代社会学理论》，北京：华夏出版社，2000 年版，第 63 页。

② 〔德〕马克斯·韦伯：《新教伦理与资本主义精神》，上海：三联书店，1992 年版，第 7、8 页。

舆论的过程在本质上是不同社会群体利益的理性解决过程，也是现代社会的产物。

4. 舆论的目标与利益直接相关

社会舆论往往以对不同社会群体的公平正义为目标，公平正义的判断标准和利益直接相关。在正义观念的起源研究中，拉法格认为，它分别来自原始人的血族复仇中形成的平等报复观念和私有财产导致的人的行动均有一个不可逾越的边界的观念。同样，在约翰·洛克的道德哲学中，关于财产的权利成为正义的前提。他说："人们联合成为国家和置身于政府之下的重大和主要的目的，是保护他们的所有权。"[①] 洛克认为，所谓"非义"就是侵掠他人的财产权利，因此在没有界定财产权利的社会里，既然不存在"我的""你的"这样的区分，也就没有相应的正义观念。在他看来，没有财产权利，便没有正义，这是像欧几里得几何学一样可信的公理。因而，保护所有权与公共利益是一致的。如果最高权力任意地、不适当地处理人民的生命和财产，那么它就违反了社会契约的基本条件及其掌握权力的信赖关系。因而，早在古希腊时期，财产权的确立就产生了以正义为基础、以法律和道德为内容的约束机制。

在现实中，判断公共舆论的价值标准在于和公众利益的相关程度。首先，价值是一个利益关系的范畴。马克思主义认为，

---

① （英）约翰·洛克：《政府论（下）》，瞿菊农等译，北京：商务印书馆，1996 年版，第 77 页。

"'价值'这个普遍的概念是从人们对待满足他们需要的外界物的关系中产生的","是人们所利用的并表现了对人的需要关系的物的属性"。由此看来，价值的本质是因人与外界事物的需要所产生的利益关系。由于不同的人在不同的情况下有不同的需要，因而对同一种事物的需要程度不一样，利益关系不同导致价值标准不同，这使得价值的相对性是必然的。其次，在舆论价值的判断中，公共事务与公众的利益相关度越高，就越能引起公众的注意和讨论，公众的参与强度就越高；公共事务越重要，人们对事态的期望越大，舆论的规模、强度就越大，价值也就越大，因而舆论的价值和它与公众利益的关注程度呈现出一种正相关关系。这种利益相关度具体体现在四个方面：与公众的地域接近性，事件本身的显著性，事件的及时性以及事件的公开程度。①

由此可见，舆论是和利益关系密切的活动，舆论引导是对舆论的积极建构，同样与利益直接关联。与舆论同群体利益、个人利益相关不同，舆论引导同统治阶级利益、社会利益直接相关，本质上也是指向利益的精神意识活动。

二、媒介传播信息中需把握的辩证关系

许多学者指出，在我国社会转型时期，舆论呈现明显的分散化特征。和以前高度统一的舆论格局不同，针对同一问题出现了

---

① 参见程世寿：《公共舆论学》，武汉：华中科技大学出版社，2003年版，第225页。

不同的意见和声音。结合上文对舆论利益本质的分析，可以认为，造成这种现象的原因在于经济基础的变化所引起的利益群体的分化。在我国由计划经济向市场经济转型的过程中，以前相对单一的利益主体演化为国家、集体、私营、个体等多种利益主体，转型过程中的利益格局调整必然与不同群体的利益需求发生碰撞，舆论的分散化就在所难免了。有学者指出当前我国社会存在的"分层序化"现象，比照地质学的概念，将一个社会的成员区分为高低有序的不同等级层，而"分层体系是以阶级（经济差异）或地位（文化差异）为基础的"。①从根本上说，由经济、文化、组织资源的获得多少决定的社会地位构成了社会分层的主要标准。这种转型的特征增加了人们的不安定感，需要更多的信息和相关意见来指导解决自身面临的一些问题。媒介正是从这些方面在舆论引导中发挥重要作用。

信息是"对事物运动变化状态的主观反映"，具有"消除不确定性"的功能。在社会转型时期，人们欲知而又未知的事物增多，所处环境的变数增大，不确定感增强，个人要想生存和发展，就必须同外界打交道，进行信息交流。这必然使媒介的重要性凸显。同时，在现实中，人们并不能实际接触绝大多数舆论客体，事实上引发舆论的并不是公共事务本身，而是媒介对某种事务的信息反映，因而信息实际上成为传递公共事务利益变动和发展方

---

① 〔澳〕马尔科姆·沃特斯：《现代社会学理论》，北京：华夏出版社，2000 年版，第344 页。

向的符号形式，满足信息需求从根本上说就是满足利益关切需求。因此，媒介除按照新闻传播的基本原则要求传递真实、及时、准确的信息外，还需要对信息进行更加细致的分类把握，深入分析不同信息的性质和作用，处理好其中的一些矛盾关系。在《舆论学—舆论导向研究》中，提出了媒介要重点传递好起始信息、丰富信息、适度信息、有效信息、接近信息、连贯信息等，[①] 对信息的分类把握有较多启示，有利于舆论引导实际的运用。仔细观察可以发现，这些分类构成辩证矛盾统一关系，是实践中需要妥善处理的，这里结合有关案例加以归纳和说明。

1. 处理好"丰富信息"和"适度信息"的关系

在人们信息需求普遍增大的背景下，媒介作为社会的信息集散中心，需要有足够丰富的信息。只有"量"达到了一定的程度，媒介的影响力才能够显示出来。因为如果给定的信息量不足够多，那么就会影响到接受者的理解。在已经有新信息出现，而以往的信念和经验受到怀疑的情况下，旧的平衡就已经被打破，新的信念和经验又无法依据足量得以确立，这时形成新的平衡，反而会为谣言的传播创造条件和土壤，媒介的引导效果也许比没有初始信息时还要差。尤其是在重大突发事件发生后，在情况不明的条件下，存在很多不确定因素，容易形成各种猜测，使得谣言蜂起，引发社会不安定因素。足够丰富的信息才能使人们得以

---

① 陈力丹：《舆论学—舆论导向研究》，北京：中国广播电视出版社，1999 年版，第 179－184 页。

了解情况，掌握事件进展，实现个人心理和社会稳定。因此，现场信息的及时准确报道是消除疑惑，减少猜测，维护社会安定的前提。

在当年的王家岭事故发生当天，有关媒体就迅速派出应急报道组赶赴现场，并形成了高效的协同作战团队，实现井口、医院、救援指挥部等各个关键现场 24 小时全覆盖，采取现场直播、电话连线、实时现场报道等多种形式，对事故进行多方位报道，还有记者冒着生命危险进入深达数千米的矿井，传回第一现场信息。截至 2010 年 4 月 11 日，央视共播发了几百条报道，进行了几十个小时的直播。《人民日报》《光明日报》也跟踪报道救援情况，发表有关评论文章，人民网、央视网、中国广播网等主流网站和搜狐、新浪、网易、腾讯等门户网站也制作了透水事故报道专题，全面介绍事故救援进展、相关背景知识、事故原因分析和矿难防治措施建议。这些丰富的报道及时满足了各方关切，有效引导了舆论，维护了社会稳定。

同时，丰富的信息主要是指信息量的充足，而不是规模和数量，重复的单调信息也不会满足人们的期待，因此要在丰富的同时注意信息的有用性，从多个不同侧面对事件性质和基本情况形成"立体的"反映。而且根据适度原则，太多的信息容易造成选择的惶惑，太艰涩的信息容易造成掌握上的困难，付出精力大而给人感觉收获小的信息容易使人放弃，这都提示媒介在传递丰富信息的同时还要注意传递适度信息。

　　例如，在前几年发生的菲律宾人质劫持事件中，全员出动的过度报道造成的"信息污染"① 激化了事态，干扰了决策，误导了民众，在突发事件报道中留下了深刻教训。虽然在媒介竞争激烈的环境中，抓住突发事件的契机抢发新闻成为很多媒体的自觉追求。但从媒体功能的角度看，媒体具有对其所报道的对象"赋予地位"的作用，一旦某个事件被媒体报道，其在社会生活中的重要性会增加，将引起社会的广泛关注，多家媒体的重叠报道更是会强化这种效果。在劫持事件发生后不久，菲律宾当地几乎所有的广播、报纸、通讯社、电视、网络就开始铺天盖地地报道这起事件。这种全员出动的过度报道一方面符合了劫持者希望媒体参与扩大影响以给政府部门施压的心理，另一方面也使得参与办案各方的一举一动都处于被无数双眼睛高度关注的紧张环境中，影响了办事效率和决策质量，也让劫持者因心理压力而易于采取极端行为，而事情的发展也表明了这一点。劫持者主动提出了让媒体来报道的条件，甚至还要求保持其媒体形象，这种"被报道"的场域环境使劫持者与办案各方都处于高度紧张的非自然状态，为场面失控埋下了伏笔。

　　而在对世博会开幕式的报道中，我国媒体报道注意了节制适度地开展报道。结合开幕式主要是体现开启世博会大幕的仪式性

---

　　① "信息污染"是指媒介信息中混入了有害性、有毒性、欺骗性、误导性信息元素，或者媒介信息中含有的有毒、有害的信息元素超过传播标准或道德底线，对传播生态、信息资源以及人类身心健康造成破坏、损害或其他不良影响。

意义的现实，央视特别报道在总体上贯彻了"节制适度"原则。和奥运会开幕式报道在频道规模、报道时间、工作队伍上都不吝投入不同，在频道资源配置上，这次特别报道以新闻频道为主，综合频道在开幕和开园时段进行了并机直播，几个外宣频道和央视网、中国网络电视台进行了配合性报道，各个频道的世博报道基本未影响原有主干栏目格局，人力、物力等传播资源调用也适度，同样收到了较好的传播效果。这两个事例分别从反面和正面提示了掌握丰富与适度关系的重要性。

2. 处理好"起始信息"和"连贯信息"的关系

在引发舆论中，起始信息具有重要作用。因为对于具体的事项而言，人们对外部新信息的知觉总是从某一点开始的，因而起始的信息选择会首先影响接受者的倾向，"起始部分的选择影响到对整个图形的知觉……起始知觉产生了知觉期待，并决定着被试对整个图形的知觉效果"。[①] 从认识过程来说，起始信息会引发新的知觉期待，在形成新的舆论引导过程中发挥起点作用。因而媒介在引导舆论时对一个新的事实的报道、新的议论话题、新的观念等起始信息的报道要特别予以关注。普通公众的认识过程与社会精英有些不同，他们接受信息的思维呈简单化，如符号学家拉特曼所说："读者感兴趣的是，通过对他自己来说最少的麻烦获得必要信息……读者的倾向则是使人物形成黑白对照的结构。"因此，起始信息并不要求全面，而要求以清晰、分明的结构和内

---

① 彭聃龄：《认知心理学》，哈尔滨：黑龙江教育出版社，1990年版，第61页。

容吸引公众，以便及早在他们认识过程中占据位置，为读者领会整体提供先见的指导。①

　　同时，舆论引导体现为一个完整的过程，公众接受信息也不是一次性完成的，而是一个连贯的整体，以便加深对新事物的认识，形成新的观念。这就要求连续出现的信息前后衔接，既不能中断，更不能前后矛盾，形成这种连贯信息在舆论的引导中具有重要作用。在菲律宾人质事件中，我国媒体注意到了在做好及时报道时的后续报道。因为对于突发事件，如果在大规模的直播报道之后，后续报道突然变得很少，会给观众造成困惑，也是媒介专业性不强的体现。为此，媒体特别注意了在特别直播报道结束后，继续在新闻节目中密切关注事件的后续发展。在接下来的几天，人质危机的后续仍然是新闻的重点，尤其报道了对于香港罹难同胞遗体的处理、伤员的救治、香港特区政府和社会公众对于遇难者家庭的援助，以及菲律宾方面对于事件的调查进展等，保证了报道的连续性，也使事件报道形成了一个完善的整体。

　　同样，在世博会报道中，从整体连贯报道的宏观思路出发，我国媒体在初期涉及国家馆的报道中，对许多国家的场馆介绍只进行了特色报道，并没有全面报道，以便给后期的报道留下空间，对开园初期的成绩报道也考虑到整个世博会刚刚开始而留有较大余地。这种节制适度的报道特点和世博会开幕式的特点相适应，

---

　　①　参见陈力丹：《舆论学—舆论导向研究》，北京：中国广播电视出版社，1999年版，第182页。

较好完成了特别报道在整个世博会报道中承担的总起概述而非具体展开的特定任务，保障了报道的连贯性。

3. 处理好"外部信息"和"接近信息"的关系

媒介的重要功能是提供外部世界的信息，使人首先从思想上建立和外界的联系。目前媒介丰富的内容大都和人们不能直接接触的外部世界相关，也促成了人们通过媒介了解外部信息的心理习惯。但与此同时，传播地域、利益关系等方面对受众来说比较接近的信息，更容易引起知觉期待，因为相对而言，切身关系的事实和信息更容易引起关注。在《大众传播媒介与社会发展》中，施拉姆认为当地媒体的创办可以缩短传播线路，有利于减少传播中的信息损耗，并且可以发现并满足当地的需要，促进信息流动。而且，"如果地方的媒介能够补充地区的和全国性的媒介，它们就能够起到中间人的作用，解释信息，并使之适应于当地的条件和需要；因此，出现多元和本地的渠道，是表明向现代传播的转换正在顺利进行的一个标志"。① 但是，在发展中国家，由于缺少熟练的专业人员，地方媒介发展不够充分，往往成为全国性媒体的辅助手段，这在一定程度上影响了信息的传播和舆论的引导。20 世纪 90 年代以来，我国都市类媒体结合地方实际，发挥生活性和趣味性优势，有效补充了全国性媒体的信息内容，因而在新时期，我国要求"整合传统媒体、都市类媒体和新兴媒体，

① 〔美〕施拉姆：《大众传播媒介与社会发展》，金燕宁等译，北京：华夏出版社，1990 年版，第 92 页。

构建新的舆论引导格局"，可见接近信息在舆论引导中的作用得到了认识。

　　当然，"接近信息"不仅指地域和关系接近的信息，还可以指与公众注意指向性接近的信息。在信息传播中，有些外界信息也可能持续引起受众的注意，从而达到引导的目的。在心理学中，注意是指"心理活动对一定对象的指向和集中"，注意的两个特点是指向性和集中性。指向性是指心理活动有选择地反映一定的对象；集中性是指当心理活动指向某个对象的时候，心理活动便离开其余的无关事物，并且抑制多余的活动。在社会生活中，公共事务纷繁复杂，但并不是每一个都能最终形成舆论，能够引发公共舆论的公共事务必须首先能够引起人们的注意。按照不同的标准，注意可以分为有意注意、无意注意和有意后注意，而"有意后注意"是指事前有预定的目的，需要意志努力集中注意的指向，经过一段时间后，由于对该事物产生了固定的兴趣或习惯，而可以不需要意志努力而继续保持注意。有意后注意是一种高级类型的注意，是心理活动对于个人以为有意义、有价值的事物的指向和集中。在现实生活中，能够引发公共舆论的公共事务有可能是在无意注意、有意注意或有意后注意的情况下进入公众视野的。这三种情况的不同使得公众了解事件经过的态度也有微妙的不同，进而产生不同的舆论结果。① 在信息传播中，在传播外部信息的同时，也要找准公众的关注点，合理发挥不同注意类别的

---

　　① 程世寿：《公共舆论学》，武汉：华中科技大学出版社，2003 年版，第 127 页。

作用，对于形成和引导舆论具有重要意义。

4. 处理好"事实信息"和"意见信息"的关系

从基本的分类来看，信息包括事实性信息和观点性信息。如果说事实性信息在内容选择、突出或淡化的把关操作隐含着观点，观点性信息则是直接表达意见的信息。在舆论引导中，传媒发挥引导作用的一个重要方面是通过"传媒吸纳"。传媒吸纳即"通过媒介渠道，汇聚社会各种利益要求和利益表达，共同对社会事务进行预解决的过程"。① 可见，在现代环境下，媒介是汇聚各种社会观点的重要平台，在传达各种社会声音的过程中，各种利益诉求通过媒介平台进行汇聚、商讨和博弈，实现了新的平衡。

在王家岭矿难救援的媒介报道中，主要表达了以下几种社会声音：一是来自管理部门的声音。事故发生后，管理部门要迅速组织安排救援，分析事故原因，追究相关责任。在此次媒体报道中，不仅传递了中央领导的高度重视和指示精神，对于调集社会资源展开救援发挥了重要作用，还传达了有关管理部门对原因分析和责任认定的观点，如要"按照法律法规，查明事故原因，科学认定有关方面的具体责任，再进行追究"的管理者声音，体现了社会的主流观点和态度。二是来自责任部门的声音。对于事故的责任部门，媒介报道了他们救援采取的种种措施和对事故的反思。在事故发生后，媒介除报道有关救援行动外，还很快报道了主要责任方的领导、中煤集团总经理在事故发生的第二天向媒体

① 谢进川：《传媒治理论》，中国传媒大学出版社，2009 年版，第 24 页。

坦承的观点，认为发生事故深层次的原因是大型企业盲目扩张，层层承包，使得安全落实不到位等，为后期责任追究打好了基础。三是来自矿工和家属的声音。在一次危机事故中，作为利益的受损方，必然会表达自己的诉求，并期望得到社会重视，而矿工和家属是相对弱势的利益受损者，尤其需要媒体传达他们的声音。通过记者的采访报道，揭露了煤矿"花钱买进度""有进度，调度人员就会表扬、多发钱；没有进度就会骂人、罚款""每1米掘进任务未完成，罚款1000元"等实际情况，表达了这些最为真切的一线声音。四是来自社会公众的声音。社会公众虽然在一次局部危机中不涉及切身利益，但在社会风险日益增多的背景下，关注情况进展，提出风险防治措施，推进制度建设也会对自身的安全起到促进作用，属于广义上的"利益攸关方"。因而，媒体表达公众的声音不仅回应了公众对自身安全利益的关注，也有利于推进社会风险预防制度的健全完善。在报道中，有人分析了事故原因在于任意缩短工期违背科学规律、麻痹大意、对生命的漠视等，提出科学的事前预防才是避免发生事故的根本。更有专家由此指出了"国企安全保障的神话灰飞烟灭"、煤炭改革举措需进一步完善的观点。通过这些声音的汇聚，各种直接的、间接的，现实的、长远的利益诉求不仅在媒介平台上得到了社会表达，也经过博弈达到平衡，从而促进了社会秩序的恢复。

媒介作为"模拟公众"，也能明确表达自身的观点，以舆论引导促进社会问题的解决。随着社会事务的多样化，媒介的社会服务功能逐渐彰显，越来越多地针对现实问题发表自身看法，在监测环境、协调社会、监督权力中发挥作用。为此，根据时代和社会发展的需要，一些主流媒体加强了新闻评论，并在新闻栏目中针对具体社会现象增加了短评，或正面鼓励，或反面警示，引导舆论正面运行。例如，媒体针对老师将学生分为三六九等，要求差生到医院做智商水平测试的现象，在记者采访报道有关情况后，媒体直接用"庸师误人"表达了对这种现象的否定，引导社会舆论制止这些现象的蔓延。针对90后新一代打工群体要求工作单位"好吃好玩、工资高、工作时间短"的心理需求，媒体明确指出这种想法的不切实际，引导他们树立合理的择业观和价值观，避免期望与现实产生的落差。针对某些地方政府部分利用权力垄断优质教育资源，收取高额择校费用的情况，媒体在曝光的同时，提出了改进问题的政策建议，被有关部门吸纳后，促进了问题的解决。

此外，媒介在报道中提供更多背景性信息、数据性信息、预测性信息，借鉴吸收精确性报道、调查性报道的优点，不但有助于丰富信息内容，加深受众对事物的全面理解，也将为平衡利益关系、引导舆论发挥积极作用。

第二节 抚慰情感，满足心理需求

情感是舆论意识中的重要层面，白居易讲："感人心昔，炎光于情"。媒介信息具有一定的情感色调，这种情感色调会使受众在具体问题上表现出一定的偏好，体现出或喜欢或厌恶，或热爱或憎恨，或倡导或扬弃的情感选择，这种偏好是媒介传播的信息是否具有感染力和吸引力的重要影响因素。舆论形成过程中的心理整合是指"统一情感偏好和意志要求，形成相对一致的倾向性和意向性"。情感的把握在舆论引导中也十分重要，从古代的一段记载中可见一斑。《后汉书》中的《党锢传·李膺传》记载："李膺振拔污险之中，蕴义生风，以鼓动流俗，激素行以耻威权，立廉尚以振贵势，使天下之士奋迅感慨，波荡而从之，幽深牢，破室族而不顾，至于子伏其死而母欢其义。壮矣哉！"李膺是东汉末年舆论界的重要人物，影响所及，能使人"奋迅感慨，波荡而从之，幽深牢，破室族而不顾"。这也启示我们，情感上的接受，对于深化舆论引导效果具有重要意义。

一、情感在说服中的作用

《心理学大辞典》中认为："情感是人对客观事物是否满足自己的需要而产生的态度体验。"虽然情感和情绪都是一种态度体验，但"情绪"更倾向于个体基本需求欲望上的态度体验，而"情感"则更倾向于社会需求欲望上的态度体验。舆论作为一种社会性意识，直接和利益相关，因而情感在舆论意识中具有重要位置，体现为对舆论客体的肯定或否定，喜怒哀乐的情绪选择等。

情感在舆论引导中具有重要的慰藉功能、激励功能和宣泄功能。在日常报道中，媒介不断传播信息，满足受众信息需要，具有心理慰藉作用；在深度报道中，能够激励读者进一步了解更多知识，实现自我需求；在重点报道中，可以激起社会情感，引发广泛社会关注，对问题解决具有积极影响；在危机报道中，相关信息得以满足渴求，安抚利益受损者和利益攸关者的情绪，促进事态平稳发展。[①] 同时，表达舆论本身就具有一定的情绪宣泄功能，是社会心理保持稳定的一种必要安全阀门。

分析情感在舆论引导中重要的原因，可以从舆论客体本身包含的"心理能量"来分析。前面述及，舆论客体的公共事务往往是功利性、新异性和争议性的结合体，公众在面对舆论客体或其信息时，会形成相当的"心理势差"，使人产生情绪反应或情感选择，并对行为意向造成影响。因此情况往往是，在特定的舆论场域环境中，在模仿心理和怂动心理引发的情感支配下，积累的心理能量得到几何级数的增长，从而造成相当惊人的社会后果。

古代说服学早就注意到了情感的重要作用，"情感证明"和信誉证明、逻辑证明一样，被亚里士多德视为说服的基本要素。其中，"信誉证明"是演讲者用自己的个人素质来说服听众，包括明智、品德、善意等。"逻辑证明"即通过逻辑推理的方式和理性的演说内容来说服听众，包括使用归纳法和三段论推理等。

---

① 参见蒋晓丽：《传媒的宣导抚慰功能》，四川大学出版社，2008 年版，第 34、35、41、42 页。

"情感证明"就是演说者通过调动听众的感情来达到说服的目的。亚里士多德说："人们在愉快和友好时做出的判断不同于人们在烦恼和敌对时做出的判断。"他甚至还指出："富有激情的演说者总能让听众在感情上与自己产生共鸣，即使他的演讲内容空洞。"高兴或悲伤、爱或恨、亲近或疏远往往会使人们对同一事物做出完全不同的判断，这是人之常情。因而亚里士多德从三方面分析了每一种感情：一是具有某种感情的人处于怎样的心理状态；二是什么人具有这种感情，针对何人；三是产生这种感情的条件是什么。说服者只有掌握了这三个方面，才能唤起这种感情。①

在我国古代著名骈文《与陈伯之书》中，情感说服的作用得到了明显体现。事件背景是天监四年（505），梁武帝命临川王萧宏领兵北伐，陈伯之屯兵寿阳与梁军对抗，萧宏命记室丘迟以个人名义写信劝降陈伯之，《与陈伯之书》就是在这样的背景下写成的一封政治性书信。因而，这既是一封劝降书，也可以说是一种争取人力资源的说服传播。在其中，不仅有"圣朝赦罪责功，弃瑕录用，推赤心于天下，安反侧于万物"的信誉证明，也有明确指出当前"将军鱼游于沸鼎之中，燕巢于飞幕之上，不亦惑乎"的逻辑证明，更有感人至深的"情感证明"，其中"暮春三月，江南草长，杂花生树，群莺乱飞。见故国之旗鼓，感平生于畴日，抚弦登陴，岂不怆悢"成为千古名句。在三种说服的攻势之下，其效果十分显著，第二天，陈伯之就前来纳降，其入脑入

---

① 龚文庠：《说服学——攻心的学问》，北京：东方出版社，1994年版，第23页。

心速度之快，影响之深，不能不说情感证明在其中发挥了重要作用。

二、媒介的情感说服方法

有学者曾指出，当前我国社会转型时期的情绪化舆论，表现为浮躁、患得患失等社会心理特征。其中的原因一方面在于利益格局的调整使得利益需求得不到满足，引发相应的情绪反应；另一方面是高层次心理需求不能有效实现，情感处于无所归依乃至空白状态，因而需要营造转型时期的良好社会情感氛围，促进舆论引导效果的深化，媒介在这个过程中发挥重要作用。

在亚里士多德那里，"证明"作为说服的方式和手段，可分为非人为证明和人为证明。前者主要指已经存在的法律、公理等，后者是事先并不存在，需要说服者创造的各种条件和手段，亚里士多德对说服者的要求是，在遵守非人为证明条件的前提下，要具有三个方面的能力：一是必须掌握逻辑论证的方法。二是必须通晓人的性格、道德及其各种表现形式。三是必须通晓人的感情——各种感情的定义、起因和唤起这些感情的方式。[①] 明显可见，后二者都指向人的情感方面。亚里士多德的说服思想和中国古代思想的吻合之处，在于都把三个方面看成说服的关键因素。中国古人同样提出了"名不正则言不顺""凡说之难，在知所说

---

① 龚文庠：《说服学——攻心的学问》，北京：东方出版社，1994 年版，第 30 页。

之心"，在说服中注重"立仪""言法""援""推"等方法手段，和这三个方面符合，但其中也存在差异，一个重要方面在于中国古代的说服思想中，把"信誉证明"不仅看成是说服者在当时形成的明智、善意等印象，而且还看成长期道德积累的结果，孔子说的"先行其言而后从之"，庄子提出的"不精不诚，不能动人"，孟子主张的"仁言不如仁声之入人深也"，都强调说服者的道德信誉不仅在于当时的表现，也在于平时的积累。[①] 因此，结合两方面的理论来源来看，如果说服的逻辑内容指向理性，那么影响情感的两个关键因素则是说服主体的信誉状况和对被说服者的了解。

如果把媒介作为一个宏观的社会性说服者，要更好地发挥舆论引导作用，需要从两个方面入手。一方面要树立媒介的良好社会信誉；另一方面要掌握社会的心理需求变化，有针对性地开展引导，培育社会情感氛围，发挥较好的舆论引导作用，使媒介成为维系社会情感的"强磁场"。

（一）培育媒体公信力，建立情感基础

公信力是媒介在长期的发展过程中，在受众和社会中形成的信誉度、权威性和影响力的总和，是媒介生存与发展的生命线。在分析把握问题的基础上，增强媒介公信力，是以"信誉证明"赢得情感信赖的有效途径。

---

① 龚文库：《说服学——攻心的学问》，北京：东方出版社，1994 年版，第 95—97 页。

1. 当前我国媒介公信力面临的问题

进入 21 世纪后，我国的社会转型进入了一个新的时期，经济社会环境和传媒环境都有了新的变化，对舆论引导提出了更高要求，我国主流媒介在仍然具有较高公信力的同时，在舆论引导中也面临着现实挑战。

随着科技和经济的发展，我国媒介渠道更加多样，目前已基本形成以传统主流媒体为核心，以都市类媒体和互联网、手机等新媒体多元并存和竞争发展的新格局。其中，尤其是网络媒体，改变了传统传播方式，使原有的传播渠道、传播内容、传播主客体关系和管理方式都发生了重大变化，对传统主流媒体形成了较大冲击。总体上看，在相当长时间内，我国传统媒体仍将处于主导地位，但是互联网等新媒体将逐步发展，影响力将日益扩大。在这种情况下，主流媒体只有加快自身改革调整，才能始终在激烈的媒介竞争中强化自身影响力，较好地完成舆论引导任务。

关于我国媒介公信力的研究表明①，随着媒介渠道的增多和公民媒介素养的提高，对媒介公信力的判断标准已经逐渐趋于理性和专业。调查数据表明，当前我国传统主流媒体仍然保持着比较高的公信力，但这种较高公信力与媒介使用状况并没有直接联系，对主流媒体的信任较多是对政府信任的延伸表达，大部分传统媒体面临着公信力评价较高而使用接触率不高的状况。同时，

———————————

① 喻国明、张洪忠：《中国大众传媒的传播效果与公信力研究》，北京：经济科学出版社，2009 年版，第 10、165 页。

如果说当前主流媒体在国内的公信力总体还较高，但在国际上总体并不很高，国际公信力还有待提高的现实对主流媒体提高舆论引导水平，增强国际传播能力提出了新的要求。

与此同时，国家逐渐建立完善的新闻发言人、信息发布、电子政务等制度也打破了以往媒体垄断权威信息来源的局面，要求媒体更加遵循新闻规律，以改革发展增强自己的维生机制，在"观点的自由市场"的激烈竞争中凸显特色，在舆论引导中有所作为。

2. 新的媒介环境下提高公信力的建议

（1）提高日常报道的专业水平，增强公信力

在新媒体时代，"每个人"都可能是新闻发布者，这使传统新闻媒介机构的"传者"地位遭遇了前所未有的挑战，"公民新闻"概念的提出表明了这种现象受到了关注，"公民新闻（citizen journalism）是指来自公民的非专业新闻报道。他们或者是现场的目击证人，通过现代科技，把自己所见、所闻、所感直接传送给大众媒体；或者自己创办小众媒介（网站、报纸、广播、电视台等），实现在一定范围内的新闻生产与传播"。① 但是公民新闻的缺点在于，它主要是一种浅表性的报道，通过阅读这些由单一信息源提供的"事实的碎片"，受众很难对主体新闻事实的意义有所把握。

在这种情况下，新闻媒体需要提高日常报道的专业水平，提

---

① 韩鸿：《论新媒体背景下的公民共享新闻学》，《新闻与传播研究》，2006 年第 3 期。

高报道深度，发挥非专业媒体不具有的功能。这就要求记者具有统摄性思维，熟练运用逻辑结构来写作，以下几方面的内容属于常规要求：一是提供所报道事件的历史背景资料，以今天的事态，核对昨天的背景，阐释明天的意义。二是提供相对宏观的"情景化环境"，通常的方法是讲述横向的不同地点或人物的故事，以便于进一步阐述关于事实的意义。三是适当运用关键数据，给事实以一种抽象的总体描述。四是搜集典型的反应性事实，在对事件的看法存在明显的分歧时，报道需要兼收并蓄，反映不同意见，不宜以一篇报道定论，可考虑采用连续的深度报道，待事情明朗以后再进一步聚焦到自己的解释上来。[1] 总之，在新媒体环境下的日常报道中，媒体一方面要使自己的专业职能更加职业，加强深度报道，这是新闻媒体作为社会一种专门组织而存在且在新媒体时代仍会继续存在的必然选择；另一方面对于那些新闻专业理念和专业技能要求较低的新闻产品，将由大众来提供，而职业媒体将作为此类信息的组织者和发布平台。[2] 以此在新的媒介环境下吸收"公民新闻"的优点，成为凝聚民间新闻生产能力的平台，不断提高自身公信力。

（2）提升突发事件报道水平，维护公信力

突发事件是突然发生，造成或者可能造成严重社会危害，需

---

① 陈力丹：《深度报道的深度与存在的问题》，传媒学术网，http：//academic. medi-achina. net/article. php？id＝4493。

② 参见陈娟：《论新媒体语境中职业新闻媒体核心职能的裂变》，《新闻教学与学术研究论文集》2011年卷。

要采取应急处置措施予以应对的自然灾害、事故灾难、公共卫生事件和社会安全事件。突发事件具有突发性、复杂性、破坏性、持续性等特点。在传播环境快速变迁的背景下，对突发事件的报道水平是衡量一个媒体机构综合素质的重要标志。突发事件既可能是"成就"一家媒体的契机，也可能是"损毁"一家媒体的时刻，做好突发事件报道对于媒体赢得社会公信力具有重要意义。

第一，建构系统应急报道能力体系。

突发事件往往在意料之外发生，应急报道能力是媒体快速、持续和深入开展报道的基础。作为一个系统结构，应急报道能力不是某种单一能力，而是由快速反应能力、统筹协调能力、应变创新能力、新闻业务能力、联动配合能力和队伍建设能力等能力要素组成，各要素具有不同的功能，要提高应急报道能力就需要进行全方位的系统建构。在青海玉树抗震救灾报道中，我国主流媒体充分发挥自身的应急报道能力，取得了较好的舆论引导和社会传播效果，这里以这次报道为例具体分析应急能力的系统结构和功能及其在突发报道中的作用。

一是快速反应能力，发挥效率功能，凸显应急报道的时效性。在突发事件报道中，只有高效率的快速反应才能占领报道先机，在激烈的媒体竞争中取得领跑位置，从起点上形成报道优势。玉树地震是在 2010 年 4 月 14 日 7 时 49 分发生的，在地震发生半小时后的 8 时 23 分，央视即以字幕形式播出地震突发消息，8 时 26 分，央视新闻频道播发了青海玉树发生 7.1 级地震的口播新闻，在众多媒体中率先抢跑。从这一刻开始，央视随之开始了优势明显的领跑：8 时 48 分，新闻频道播出了演播室与震区电视台记者的第一次电话连线直播，报道民居倒塌、人员伤亡等最新灾情信息；10 时 41 分，媒体记者通过手机彩信获得了第一张震区现场灾情图片，并即时在频道中播出；10 时 50 分，借助震区武警支队指挥卫星车传回了震区电视画面并在第一时间播出；17 时 07 分，进行第一次视频直播连线，成为最早从震区发回视频新闻稿件的中央新闻媒体。

二是统筹协调能力，发挥组织功能，决定应急报道的持续性。如果说快速反应能够确立领跑优势，之后的持续报道才能继续保持这种优势，这就需要发挥宏观统筹能力，为接下来的持续报道做好组织准备。为此，4 月 14 日上午，有关媒体在快速反应的同时，基于对前方报道的研判，迅速展开布局，陆续开掘通道，梯次投入兵力，始终做到快速反应、持续跟进。一方面确立了"统一指挥、形成合力、资源共享、各展特色"的总体报道要求，安排综合频道、新闻频道、中文国际频道和英语、法语、西班牙语、阿拉伯语、俄语频道迅速播发新闻；另一方面高效有序地向震区派出多路报道团队对救援工作展开持续报道。

震灾发生后，有关媒体根据西宁没有设立应急点、当地电视台报道力量较弱等客观情况，迅速调配兰州、西安、成都三个应急点携直播车前往震区，同时协调部队记者站和当地媒体人员提供采访报道支持，并于 4 月 14 日派出 5 人时政新闻采访组随时任国务院副总理回良玉前往震区采访，安排 9 人报道组搭乘国家地震救援队专机赶往震区，到 14 日夜，有关媒体到达玉树震区采访报道人员达到 22 人，并连夜成立抗震救灾报道前方总指挥部，加强对前方报道的领导与协调。到 4 月 21 日的全国哀悼日当天，前方记者并工作人员总数已达到整个玉树地震报道最多时的 160 余人，有效的统筹协调不仅使先期到达的前方记者得以休整，更保证了抗震救灾报道的"续航能力"。

三是创新应变能力，发挥创造功能，体现应急报道的能动性。突发事件的报道往往缺乏事先准备，经常是事件内容复杂，报道条件艰苦。由于地震使通信中断，形成了 9 小时的视频空白期，无法发挥还原现场优势，对电视媒体报道十分不利。在这种特殊情境下，记者及时应变创新，除字幕和口播报道新闻外，还创造性运用电话连线、手机图片等多种应急报道手段。在视频无法传递的时段里，从 4 月 14 日 8 时 48 分起，新闻频道就不断以电话连线方式，引入当地记者与救援人员的声音，持续递进报道地震灾情和救援情况等来自一线的珍贵信息，把震区最新的状况、救援的最新进展第一时间告诉全国观众。10 时 41 分，记者通过手机彩信发回结古镇一处倒塌民居的图片，成为在频道中播出的首个来自灾区的图像信息，到下午 5 点大批视频传回之前，新闻频道已发布从现场手机传回的彩信 20 多张。在报道条件不理想的情况下，通过发挥主观能动性，及时应变创新，我国主流媒体的报道被美国有线新闻网（CNN）等国际媒体和众多网络媒体引用，引起了国内外广泛关注，引领着各媒体的地震报道。

　　四是新闻业务能力，发挥深化功能，展示应急报道的专业性。在突发事件的特殊情境下，报道时间短，任务重，平时积累的新闻专业能力将决定报道能否深入开展，是否有较高的报道质量，体现报道水平。在此次报道中，我国主流媒体通过及时新闻报道、现场特写报道、故事性报道、思想性报道、信息服务报道等方式使报道内容丰富厚实，展示了自身的专业水准和能力。

　　在及时新闻报道方面，有关媒体及时播发各类新闻信息，快速传递抗震救灾总体情况。如《新闻联播》播出的《新闻特写：不懈努力　努力营救》《军地联手，生命接力》等，《焦点访谈》推出的"玉树，我们在一起"系列专题节目，新闻频道、中文国际频道等推出生命大救援系列直播和新闻报道，生动展现生命救援、伤员救治情况，全面反映了中央部委、部队及中国红十字会等社会组织的救灾努力，以及各地救援人员驰援灾区、群众捐款等信息。

　　在现场特写报道方面，还原现场是电视媒体的突出优势，也是体现专业水平的重要方面，记者在报道中，十分注重以鲜活的现场特写传递情感，传达信息。4月16日中午，西藏、青岛消防在结古镇民族宾馆发现生命迹象，幸存者是一名13岁的藏族小姑娘。新闻频道对营救过程进行了全程直播，成为让人印象最为深刻的几场直播之一。此后，记者还对获救小姑娘进行了持续关注。在遇险人员获救后，记者陆续从各大医院挖掘了"震区父子视频见面""地震孤儿的临时爸爸"等许多感人至深的新闻特写，给人留下了难忘印象。

在故事性报道方面，有关媒体在报道中突出了具有故事性的人物和情节，取得了情理交融的传播效果。香港义工黄福荣舍身救人是能体现抗震救灾精神的感人故事，针对这一人物典型，有关媒体前后方配合进行了深入的报道和呈现，4 月 18 日到 19 日，新闻频道从《朝闻天下》到《新闻联播》持续报道了黄福荣的感人事迹，引起了良好反响。在 4 月 20 日的《情系玉树，大爱无疆》大型募捐活动特别节目筹备过程中，多个在此次地震中挖掘的新闻故事，如《桑珠多杰和他的"新妈妈"》《玉树患难夫妻在医院通过镜头相见》等引发观众强烈共振。克服高原反应英勇救人的广东消防战士周妥、藏族小志愿者才仁旦舟被邀请走进直播访谈现场，这些生动的人物和故事增强了传播的效果。

在思想性报道方面，这次报道中还特别注重报道人性光辉，挖掘精神力量，突出节目的思想性。"小萌震区观察"，以每天一个"关键词"的形式，把一天来的核心信息和救灾报道感受进行提炼式展现，表达报道全国万众一心的抗震救灾努力、八方支援的精神以及当地政府和民众不畏艰难的自救和互助精神。张泉灵的报道《一个 5% 希望的电话》等节目都展示了以人为本的人文关怀。此外，节目还侧重报道了灾难面前的深层次思考，如"我们不能选择灾难，但可以选择面对灾难的方式"等，这些报道进一步深化了节目的思想内涵，提升了节目品质。

此外，报道中还加强信息服务，如新闻频道利用"生活提示"小专栏等强化信息服务，科教频道《科技博览》栏目制作播出了《大地之痛（上、下）》，启迪人们必须重新认识自然灾害，把灾难的损失降到最低。财经频道以"图文板＋百叶窗"的电视语言，扩大节目信息量，列举灾区吃、穿、住、行、医等方面急需的物资，为救援搭建供需平台，及时更新当地交通运输、天气变化、救援人员注意事项等实用信息，服务于前方的抗震救灾工作。这些实用性信息报道较好服务了社会公众，拓展了报道领域，体现了报道的专业水平。

五是联动配合能力，发挥协同功能，彰显应急报道的整体性方面。在突发事件报道中，联动配合能力是整个报道工作顺利开展的重要保障。在玉树抗震救灾报道中，有关媒体前方和后方、各频道的密切联动配合，形成了一个整体，推进了报道的顺利开展。

首先，前方和后方联动配合。在第一时间迅速反应和统筹部署的同时，有关媒体后期编播部门快速、高效地组织起后方应急支撑平台，有关人员在地震当天中午就迅速到位，随后提供了全天24小时的后方支援。接片、制图、联络线路、核实信息、解决协调直播线路等各种琐碎的环节，在后期应急支撑平台有条不紊的工作和流程运行中一一完成，为前方记者的报道提供了有力支撑。在统一的指挥和调度下，前方和后方有效衔接，科学调配各种资源和力量，把握报道进程和关键节点，有层次、有节奏、有重点、有配合，确保有序推进报道进展。

其次，加强联动配合。这次抗震救灾报道以新闻频道和综合频道为主，其他频道也进行了密切配合，形成了报道的规模和声势。综艺频道在短时间内组织了《情系玉树，大爱无疆》抗震救灾大型募捐活动特别节目，融新闻性、纪实性、文艺性、互动性于一体，通过短片介绍、人物访谈、文艺表演、现场募捐、热线电话等多种形式，着力营造万众一心、众志成城、迎难而上、敢于胜利的良好氛围，共募集善款 21.75 亿元，是新中国成立以来规模最大、参与最广、募集数额最多的一次募捐活动，为做好抗震救灾工作提供了强大的精神动力和舆论支持。截至 4 月 29 日，有关媒体综合频道、新闻频道共播出相关报道 3700 余条，直播 178 场次；中文国际频道共播出相关新闻累计千余条，直播节目 36 场。英、阿、法、西、俄 5 个国际频道播发新闻 5000 余条，直播 17 场次，全台各频道的有效配合，彰显了应急报道的协同性，推进了报道的顺利开展。

六是队伍建设能力，发挥保障功能，提示应急报道的日常性方面。"养兵千日，用兵一时"，高素质的报道队伍是成功开展报道的根本基础和保障，突发事件的意外特征也提示人们必须把应急报道的队伍建设融入日常的工作中。在此次报道中，一方面通过丰富的节目内容和多样的节目形式，体现了报道队伍很高的专业素质；另一方面也体现了报道队伍的敬业精神，在地震发生后，许多记者星夜兼程，克服路途艰险、高原缺氧、天气寒冷等困难，冒着余震不断的生命危险，发扬不畏艰险、甘于奉献、连续作战的精神，不间断展开工作，体现了媒体报道队伍崇高的社会责任感。此外，这次报道还提醒人们在突发事件报道中身体素质的重要性。玉树地处海拔近4000米的高原，夜晚气温达到零下十几摄氏度，恶劣的生活和交通条件，对身体素质是一个很大的考验，在此次报道中，有媒体先后有10多名记者被送医治疗，甚至有一位还被下达了病危通知书。这些情况要求人们认识到身体素质应作为应急报道队伍建设的一个重要组成部分。

这次成功的突发事件报道启示我们，要从系统的观念出发，整体建构媒体的应急报道能力，发挥各种能力要素各具特色的不同功能。唯有如此，才能在各种突发事件报道中处变不惊，较好发挥主流媒体的新闻传播、信息服务和舆论引导作用。

第二，妥善化解群体性危机事件。

随着社会转型进程的发展，我国社会变迁加快，社会分化加剧，出现了新的矛盾和问题，其中，群体性事件就是一个值得重视的社会问题。中国社科院发布的2013年《社会蓝皮书》表明，现阶段中国社会处于矛盾多发时期，且社会矛盾多样而复杂，每年因各种社会矛盾而发生的群体性事件多达数万起甚至10余万起，群体性事件的形成原因，以征地拆迁冲突、环境污染冲突和劳动争议为主。对各类群体性事件的形成原因的分析表明，征地拆迁引发的群体性事件占50%左右，环境污染和劳动争议引发的群体性事件占30%左右，其他社会矛盾引发的群体性事件占20%

左右。归根结底，群体性事件是行为舆论的一种表现形式，是通过一致行为表达某种理性成分少、情绪化色彩浓重的舆论。因此，把握舆论发展规律，提高舆论引导能力，引导舆论向理性方向发展，是防治群体性事件的重要方法。

总体来说，这些群体性事件仍然属于人民内部矛盾，具有非对抗性质，群众主要提出经济利益的诉求，没有明显的政治目的。群体性事件的两个特点，一是目标主要是经济利益，二是以集体非理性的方式表达诉求。群体性事件的源头往往是一些涉及小范围利益的事件，如果处理得当，大多数群体性事件是可以防止的。但在现实中，由于职能部门分析重视不够，应对经验不足、媒介引导能力欠缺等原因，一些小问题容易放大和普遍化，进而演变成具有社会影响的事件。结合群体性事件形成的社会原因和心理机制等方面来看，群体性事件的处置应以利益问题为核心，以促进利益的理性表达为重点，以价值规范的重建为目标。以下从预防和治理两个方面分析。

在预防阶段，此时的舆论尚处于态度方式和意见方式，以直接利益人群为主，主要还是理性方式维护权益。应加大舆情搜集力度，分析可能导致群体性事件的社会热点问题，关注核心利益者，理解和满足合理利益诉求，以防为主，消除群体性事件的根源。

在治理阶段，在行为舆论人群已经形成，并且不断有人加入，形成一定规模的情况下，需要综合运用多种舆论引导方式。群体性事件的产生大多具有所知信息不全面、主体认知能力欠缺、主观情绪浓厚，甚至法纪观念淡薄的特点，为此，需要发挥舆论引导的社会治理和危机化解作用，综合运用信息告知、意见指导、情感抚慰、法规约束等方式促进问题的解决，重建社会价值观。

一是"告之以事"。群体性事件发生后，在情况不明的条件下，容易形成各种猜测，使得谣言蜂起，而信息的传递使人们得以了解真实情况，全面掌握事件进展，实现个人心理和社会稳定。因此，关于引发群体性事件信息的及时准确报道是消除疑惑、减少猜测、防止人群卷入事件的重要前提。

二是"晓之以理"。群体性事件的重要特征是利益的集体非理性表达，因此，促进表达方式的理性回归是引导中的关键。群体通过语言来表达各种利益诉求本身就是回归理性的表现。在已逐步回归理性的前提下，舆论引导者再通过大众传播、人际交流等方式汇聚各种社会观点，并进行必要的意见指导，为平息群体性事件奠定基础。

三是"慰之以情"。在群体性事件中，参与人员往往是在长时间的隐忍后才选择反社会的对抗行为，因此经常带有浓烈的情绪化色彩。此时的舆论引导应承担公共情绪的调节器功能，通过告知信息、揭示问题，促进利益相关者的不满情绪得以宣泄，内心得到抚慰，压力得以释放。同时，还应从利益受损人的实际情况出发，设身处地为其考虑问题，以积极解决问题的真情实感引起参与者内心的回应和共鸣，消除诱发群体性事件的情绪因素。

四是"摄之以法"。在群体性事件中，不排除有极少数人是利用事件故意进行破坏活动，也有一些人在群体的蛊惑和感染下做出反常的破坏行为。舆论引导者在积极解决实际问题的同时，还应加强法律观念的宣传教育。对违法行为进行必要的法律干预和威慑，也是必要的方法和手段。

五是"立之以矩"。群体性事件危机不仅造成利益的损失，也是对社会既有价值系统的破坏，在群体心理的偏离下，不仅各种社会规范和制度被否定，法律规范也受到挑战。上述方式力图通过信息告知、意见指导、情感抚慰和法律约束等促进问题的解决，回归理性，而目标则在于回复和重建社会价值体系。经验表明，通过危机的成功处置可以巩固原有价值理念，增强社会凝聚力。社会公众也通过一次事件的考验重新树立正确心态，减少不安，重塑自信，社会的道德规范在此过程中得到重建和加强。

第三，善于处理好几种工作关系。

一是处理好媒介与政府的关系。在我国，新闻媒体是党和人民的喉舌。这就要求媒体在危机处置传播中，把握原则，处理好和政府的关系，合理定位自身，做到媒体角色到位但不越位，恰当参与到危机化解过程中。以有关主流媒体为例，事故报道初期，央视就把报道的着力点放在了国家和地方政府对救援的安排部署和积极行动上。在报道过程中，央视记者与救援指挥部密切沟通，准确发布权威信息，在现场报道时，也注意用自己的发现和观察进行报道，绝不打扰救援人员、干扰救援进程。这样的定位明确了自身作为媒体在整个救援系统工程中的位置，较好地发挥了信息传播功能，促进了危机化解作用的实现。

二是处理好媒介与困难群体的关系。在一次危机事件中，困难群体往往是利益受损方，这就要求媒体处理好与困难群体的关系。在报道中，一方面要发挥媒介作为"社会公器"的职能，坚持客观平衡报道，把一些镜头和版面留给困难群体，发出利益受损者的声音，表达其利益诉求，抚慰其不满情绪，维护困难群体权益；另一方面针对其中的情绪化表现和不合理要求，则要从危机化解的整体利益出发，理性对待和处理。

三是处理好媒介与公众的关系。在社会风险日趋增多的情况下，社会对媒介的依赖程度加深，社会公众期待媒介通过一次危机事件的报道，反思问题和不足，促进制度建设和完善，媒介也可以通过危机事件的报道提高社会整体的风险观念和素养，促成社会达成风险共识，提升共同安全感。这就要求媒介在报道中要把握社会心理变化，考虑社会承受度，有策略地开展报道。有关主流媒体在这次报道中之所以能成为广大公众的信息主渠道之一，在于其报道策略的选择和安排。在直播前，央视就制定出了四套直播应急预案，分别考虑到了"很快救出生还者""发现生还者但救援有困难""未发现生还者"和"发现井下人员遇难"四种情况，并且在报道过程中，根据救援情况，有策略地开展直播。在救援初期，对救援行动进行了密集直播，但在救援没有进展的时候，适度降低了直播的频次；而当救援有了重大进展时，立刻又把报道节奏和篇幅跟上。当大批获救人员升井时，打破常规，加大直播量；当后期救援再次进入胶着状态时，则不再以直播报道为主，而将重点转在井下自救、互救的报道上。这些报道策略考虑了社会公众的需求，把握了公众的心理变化，取得了较好的传播效果。

四是处理好媒体自身的关系。总体上看，我国媒体是按照媒介形态区分的相对独立的报道单位，而在一次危机事件中，往往会按照反应、分析、处置、恢复的程序进行应对，因此，在报道中，一家媒体除了要处理好前方、后方协同关系，对内报道和对外报道的关系外，还要根据危机处置程序，把握报道的节奏、时机和力度，分阶段制定不同报道主题，为危机处置营造良好的信息通道。如在王家岭事故报道中，一些媒体根据不同阶段，策划了信息发布报道、救援部署报道、现场救援情况报道、原因分析和责任追究报道、制度建设建议报道等不同主题，从而形成了一个整体，符合了危机处置的过程原则，也促进了危机化解作用的实现。

五是处理好媒介之间的关系。传播理论指出，媒介传播要发挥巨大效果，就需要处理好各种媒介之间的关系，实现累积性、普遍性和协调性三个特质的叠加。其中"累积性"是同类信息的传播在时间上的持续和重复产生的"累积效果"，"普遍性"是媒介信息在抵达范围的广泛性上产生的"遍在效果"，"协调性"是媒介传播内容的类似性产生的"共鸣效果"。① 在王家岭事故报道中，不同媒介的类似信息报道，取得了较好的累积效果、遍在效果和共鸣效果，促进了社会动员组织、资源调集和救援进展。同时，不同媒介实施的差异化报道也取得了"互补效果"，从这次媒介报道的总体情况看，不同媒介形成了多方配合、互为补充的一个整体。如电视成为获得现场即时信息的主渠道，报纸在精神概括、深度分析、促进价值体系重建上发挥了积极作用，主流网络媒体在分析原因、追究责任、完善制度上提出了较多看法，其他网络媒体则在相关背景知识和国外经验的介绍上独具新意。这些不同侧重点的报道形成的"互补效果"推进了媒介参与到危机化解的过程中。

总体来看，突发性事件中的舆论引导是日常舆论引导的典型缩影，集中体现了舆论引导的基本方法。如果在日常舆论引导中贯彻这些方法和原则，促进社会舆论向理性方向发展，那么对于有效预防群体性事件，促进社会和谐则具有重要价值。

（3）实施品牌化战略，巩固公信力

在市场经济环境下维护和提升媒介公信力，需要结合经济社会发展实际，运用市场经济方法，按照社会效益和经济效益双丰收原则，巩固公信力，而品牌化战略是媒体的重要选择。

"品牌"是一个有着丰富内涵的系统概念。从不同角度来看，品牌是产品质量的象征，是生产者价值理念的体现，是消费者内

---

① 欧阳宏生：《电视传播核心价值论》，北京：北京大学出版社，2010年版，第37页。

心经验的集合，是良好管理的标志和经营销售的利器，也是宣传推广的旗帜和国际拓展的名片。在性质、功能都差不多的同类产品中，品牌不仅能被快速识别，从众多竞争者中脱颖而出，为新产品迅速占领市场产生强大的心理认同和情感支持，而且具有明显的"溢价"功能，能够带来高额的附加值，甚至还可以独立于产品之外，形成比有形资产更为重要的无形资产价值。因此，能否拥有和拥有多少知名度较高的品牌，成为一个企业、一个地区乃至一个国家竞争实力和市场地位的重要标志之一。在市场经济浪潮的推动下，"品牌"在我国经济、社会、文化发展中扮演着越来越重要的角色，因此，传媒行业的品牌建设逐渐提上了议事日程。

相比之下，"品牌"强调以创新和个性为特征的差异化竞争，包含丰富的品牌要素，涉及产品质量、管理水平、经营销售、宣传推广、国际拓展等多个方面。作为一种现代组织形式，品牌建设能够推进媒介进行深层次的资源重组和结构重组，从而提高产品质量，增加经营的深度和内涵，全面提升行业素质和水平，既推动主业宣传，又办好产业经营，实现事业和产业的良性互动、两翼齐飞，既抓好传统媒体，又拓展新兴媒体业务，实现传统媒体和新媒体的相互支撑、融合共进，促进自身全面、协调和可持续发展。

（二）分析受众心理变化，有针对性开展引导

在说服学的研究中，主客体关系的变化是主要线索之一，说

服要求了解对象的基本情况、思想状态乃至性格倾向等接受学特征，为达到理想说服效果打好基础。在以往的媒介舆论引导中，宣传主体性突出特点带来的问题是容易忽略受众在接受中的主体地位。在传播理论中，受众是具有一定能动性的媒介使用人，对传播过程和内容有一定的制约和影响。正确认识受众地位和作用，了解受众思想状况和心理需求，对于提高舆论引导效果具有重要意义。

1. 新时期媒介受众的心理变化

随着改革进程的推进，社会转型涉及面更加深广，经济建设的发展使社会心理发生一系列变化。从社会学的角度来看，经济基础改善后新的社会要求日益高涨。在相关经济社会发展情况的调研基础上，可以概括为四个方面内容：

一是市场取向要求。随着市场经济体制的完善和经济的持续增长，资本、商品、价值交换、平等竞争等市场经济环境下的理念逐渐取代计划经济时代的理念。很多人认识到，在配置资源上，政府与市场各有其利弊，政府善于安排宏观公共资源，而市场则善于灵活调整微观资源，政府权力的介入点应当是市场自我调节的临界点，市场规则发挥作用的领域应交由市场调节，政府应着力解决建构市场规则、防范市场重大风险、维护市场公平竞争、提供市场公共信息服务等宏观问题，而不是职能宽泛，审批过多，直接干预市场运行，既当"裁判员"，又当"运动员"。① 市场经济的发展使以市场为价值取向的观念越来越受到人们的广泛认同。

二是体制机制改革要求。随着经济、科技的持续发展，我国将逐渐从工业化社会向信息化社会转变，社会正朝着利益多样化的方向发展，推进公共行政的民主化、社会化成为社会的普遍要求。在管理方式上，社会要求政府部门改变以往刚性垂直的行政管理方式，从"无限政府"向"有限政府"、从"管制政府"向"服务政府"、从"权力政府"向"责任政府"转变，解决政府部门错位、越位、缺位问题。在发展机制上，表现为社会化呼声高涨，市场、社会组织和个人要求参与公共事业发展，改变以往政府包办社会事业的状况。这些都对管理体制和发展机制改革提出了新的要求。

三是个人权利要求。经济基础的变化使人们更加注意维护自己的权利。人均 GDP 超过 1000 美元是一个重要的台阶，人们关注的问题将从衣、食转向住、行，要求分享经济发展的成果。② 随着经济的继续增长，人们在生存问题得到解决后，家庭幸福、个人自由、政治权利等精神层面的要求将会与日俱增，维权意识日益明确，对政府工作的知情权、参与权、建议权也将逐步提上议事日程。而且，根据需求层次理论，在满足温饱、生活更加宽

---

① 袁曙宏：《全面推进依法行政实施纲要读本》，北京：法律出版社，2004 年版，第81 页。
② 郑功成：《构建和谐社会讲演录》，北京：人民出版社，2005 年版，第39 页。

裕之后，人们有互相交流表达的意愿，希望通过参加各种社会组织、社会事务和社会活动来获得社会尊重、认同和归属感，如何将各种"单位人""社会人"变成"组织人"，对社会组织管理工作提出了新课题。

四是多样化服务要求。人均 GDP 达到 3000～4000 美元以后，人们所需要的福利服务将发生重要变化，一个突出的表现是人们的需求层次普遍提升。据调查，随着居民生活水平的提高，对社区文化服务、社区医疗卫生服务的需求也日益增加，用于医疗保健、教育文化等方面的消费持续攀升，在城市居民的消费构成中逐渐占居首位，越来越多的城市居民开始参与到社区文娱活动当中。而且，不同的社会阶层还产生了不同的社会需求，有些社会需求的内容和形式呈现个性化、专业化、精细化特征，这就要求建立适应面广泛的公共服务体系来满足不同层次的社会需要。

这些转变，也给当代中国媒介受众的接受心理带来新变化。目前受众的媒介关注普遍由政治的注意转向经济的注意，由表象的注意转向深层的注意，由单向的认同转向自主的接受，由对传播的单一化的满足转向新闻传播的多元化的追求。[①] 人们接触媒介的心理动机不再仅限于生理需求、安全需要、秩序需要等层次，而是提升到归属需要、享受需要、自尊需要乃至自我实现的需要等层次。

---

① 参见程世寿、胡继明：《新闻社会学概论》，北京：新华出版社，1997 年版，第 128 页。

这些社会心理的变化体现在舆论引导方面，一方面是舆论引导对象变化。在经济社会的发展过程中，我国人民的整体教育文化水平已有较大提高，市场意识、民主意识、权利意识大为增强，维护自身物质权益和知情权、参与权、表达权等精神权益的要求更高，舆论引导对象的思想观念和心理状态较以前发生了较大改变。另一方面是舆论引导难度加大。多元的社会利益格局使得舆论格局发生了重大变化。从舆论主体看，社会转型改变了以往相对单一的社会结构，社会分化加剧，人们因种种内在联系结成了多种稳定的或临时的社会群体，传达各种对现实问题的不同看法；从舆论客体看，社会利益分化、价值多元、社会失范、群体性事件等社会问题的增多，使吸引社会群体关注的公共领域扩大，舆论呈现多发态势；从舆论内容看，不少舆论具有片面、混杂、非理性甚至负面的因素，需要仔细加以鉴别；从舆论流向看，复杂的社会生态使得舆论生态复杂化，流向不易确定，有时似乎将要熄灭的舆论因一点火星就立刻成为燎原之势，其发展方向的影响因素多元化，更不易把握。舆论格局的这些变化使得舆论引导的难度加大，一不小心就容易引起舆论震荡，引发社会问题。这种舆论现状对媒体创新引导方式、建构引导内容提出了更高的要求。

2. 媒介针对受众心理变化的引导

针对社会转型期受众心理的变化，媒介尤其是主流媒介需要不断调整自身价值观念和定位，充分利用历史上积累的资源、品牌、专业、人才等优势，在舆论引导中发挥重要作用。

其中首要的就是根据新变化，更新自身观念和定位。目前，在媒介管理体制与行政体制同构的情况下，各级媒体在各自的层级范围内，仍然具有一定的政策和资源优势，层级差异和资源差异也仍然影响着媒体在受众心目中的可信度和公信力。但新时期的国家—媒介关系的变化表明，传统主流媒体的功能已日趋多样化，都市类、网络媒体也参与到了国家信息建构和传播的行列中，这势必对传统媒体的垄断地位形成影响。在这些新的变化面前，传统媒体需要更新观念，调整定位，回到媒介本身，发挥信息传播的核心功能，走专业化道路，从计划时代的信息垄断者成为市场时代的信息组织者、信息筛选者、信息方向引领者和信息交换平台提供者，围绕社会主义核心价值观，构建凝聚社会人心的专业化信息体系。同时，需要树立市场意识和观念，改变计划经济时代的较少考虑成本—收益的资源调用方式，充分利用积累的资源优势，优化宣传资源配置，发挥资源最大效益，变资源优势为引导强势。

如在上海世博会的报道中，我国媒体在"节制适度"的总体原则下，对"传播效益"的讲求有所启示。在我们以往的新闻报道和舆论引导工作中，往往存在忽略传播效益的问题。喻国明教授曾指出："单一维度的目标设定、整齐划一的操作方式、最大限度的资源调用，便成了一段时期以来较为典型的舆论引导的实践样式。"① 但是，在市场经济环境中，在可持续发展的科学理念指导下，在力求达到广泛的社会影响的同时也需要重视传播的效益，即投入和产出的比较问题。这就需要在对报道对象的性质和特点深入认识的基础上，合理调用和配置各类传播资源，力求以最小的投入产生最大的传播效果。上海世博会报道在"节制适度"的原则下适量调用频道、人力、物力等传播资源，取得了较好的传播效果。在当前我国倡导经济发展方式转变的背景下，世博会报道对传播效益的讲求给了我们诸多有益的启示。

受众与媒介情感关系的形成一般经由三个层次：理性价值层次、感性价值层次和象征性价值层次。其中理性价值层次主要是媒体给予受众的使用价值，是受众情感体验的最初层面；感性价值层次是通过情感体验的积累，媒体给予受众心理上的信任感、荣誉感和满足感，是受众和媒介情感关系的中间层面；象征性价值层次是通过持续的媒介消费，媒体的价值观念和受众价值观念产生共鸣，是受众与媒介情感关系的最高层面。② 在建立稳定的情感联系后，媒体的舆论引导效果将更加深入。

---

① 喻国明等：《目标设定的兼容与资源配置的优化——试论舆论引导的选择性操作》，《青年记者》，1997 年第 6 期。

② 陈兵：《电视品牌构建》，北京：中国传媒大学出版社，2006 年版，第 132—135 页。

第三节　凝聚共识，推进价值认同

在现实中，人具有追求利益的本能，并且日益形成与这种利益一致的价值观，并逐渐获得了相对独立的意义，形成某种价值体系。马克思主义认为，"掌握物质资料生产的阶级也掌握着精神资料的生产"，"因而所有高高在上的上层建筑在本质上是维护和体现统治阶级利益的，并且随着社会分工的日益发展，会有一部分人专门营造符合统治阶级要求的神话，并把它作为自己谋生的手段"。舆论引导是对社会上活跃和前沿思想动态的理性规范，在根本上也具有这种特性，但是，和一般比较稳定的意识形态不同，舆论引导处于动态的发展过程中，层出不穷的社会新现实问题引发的思想观念有时会对现有观念体系形成冲击，舆论引导的重要任务就在于不断凝聚形成新的共识，建立并健全一套更新的、更加合理的价值观体系和社会评价体系，重新塑造社会人群的利益关系，实现促进社会稳定、经济增长和人的全面发展的目标，因而舆论引导的终极指向是价值观念体系的建立问题。

一、价值观念是舆论引导中的深层内容

在社会中，舆论的表层结构往往千变万化，稍纵即逝，而舆

论的深层结构，即理性公众的价值系统，却相对稳定。这一相对稳定的内核，是在纷繁复杂的舆论环境中长期积淀并逐渐形成的，是每一次具体舆论长期积累的结果。分析舆论引导价值观念层面的深层结构才能将舆论研究导向深入，因为"如果从观念上考察，那么一定的意识形式的解体足以使整个时代覆灭"，① 主流价值观作为一种意识表现形式，对于解释社会问题、指导实践和规划未来等具有重要作用，是舆论引导实现预期效果的基石。

在价值观念对人的具体意见的影响上，李普曼曾谈到过一种现象："在日常世界里，常常是在有证据以前很久就已有了真正的判断，这种判断本身就包含着结论，证据很自然是进一步证实这种结论的。"② 这句话中区分了"证据""结论"和"判断"三个重点概念，"证据"是具体事件，"结论"是对事件的评价结果，而"判断"则是一种预存的观念和立场，它不同于一般的对具体问题的看法，而是相对稳定的价值观念、道德信条等，只要有具体的舆论客体出现，这种通过证据显示已有判断的"证实"作用就会马上体现。而且，这种价值观念体系已经深入到无意识之中，不仅在意见评价，而且在信息选择、情感偏好和行为取向等多方面无所不在地产生影响。因而，舆论引导中的"舆论"不仅包括对公开表达的意见的引导，还包括对冰山下的信念、态度和情绪等多方面的引导，只有这样广义地理解舆论才能对舆论有

---

① 《马克思恩格斯全集》第 46 卷下，北京：人民出版社，1980 年版，第 35 页。
② 〔美〕李普曼：《舆论学》，林珊译，北京：华夏出版社，1989 年版，第 78 页。

更深层次的把握——不仅要把握舆论意见本身，还要把握它因何而来、向何而去，并在这个基础上思考应对的方法。由此看来，舆论和舆论引导的涉及面非常深广，这也是在我国为什么会把舆论引导和"生命论"、"福祸论"、执政地位、执政能力联系起来的原因所在。因此，在舆论引导中，最根本的是对价值观念的引导。

相比于情感，价值体系的影响则更为深层，在危机事件中，媒介的报道对于危机事件后期恢复和维护社会价值系统具有重要作用。从王家岭矿难救援来看，媒介报道一方面总结了领导重视、社会支援、矿工坚守、科学施救等成功原因，对于丰富矿难救援经验具有积极作用；另一方面在分析事故原因的基础上，同样广泛报道了事故的责任追究情况，如4月13日，报道国务院调查组成立，对王家岭煤矿透水事故原因展开全面调查的消息，在事故发生一个多月后的5月19日，报道了根据《煤矿安全规程》《煤矿防治水规定》等有关安全规章制度，对9名事故重大责任人进行批捕的信息，维护了规章制度和法律法规的权威。同时，《人民日报》《光明日报》还根据救援进展情况，提炼出"尊重生命""以人为本""一方有难、八方支援"等价值理念，归纳出制度优越、团结协作、科学发展的价值主题，对于在危机过后凝聚社会共识起到了积极作用。危机可能会损害原有价值理念，但对危机的成功处置和合理报道则可以巩固原有价值理念，增强社会凝聚力。《中国青年报》的调查显示，不畏困难、努力坚持、团结互助、敢于负责等价值理念得到了进一步加强。82.4% 的人表示，如果自己遇到类似王家岭矿工的困境，会选择努力坚持；85.6%的人认为，最应该学习获救矿工"永不放弃"的精神；63.1% 的人觉得，最应该学习他们"团结互助"的精神；41.8% 的人表示，获救矿工面对困境时的"勇敢"最值得我们学习；还有37.5% 和 26.6% 的人分别选择了"乐观"和"负责任"。① 这个事例充分显示出价值体系的重构对于危机舆论引导的重要作用。

二、舆论引导对主流价值观念的"维护"与"突破"

在价值观念体系的关系中，主流舆论对其维护和巩固的一面，促进了对当前核心价值观的认同，但根据新的情况，也进行了调整和完善，使主流思想观念更加符合社会实际需要。

从舆论引导促进主流价值的认同方面来看，舆论引导的过程具有理性特征，其目标在于建立理性秩序，不仅体现利益秩序的调整，而且也是思想秩序的建立，提升了对价值观念和体系的接受和认同程度。而"认同"是一个关系范畴。亨廷顿认为："任何层面的认同（个人的、部族的、种族的和文明的）只能在与其他——与其他的人、部落、种族和文明——的关系中来界定。"从舆论引导的根本上来说是使引导对象与社会现实，与他人，与

---

① 数据来源：《民调：93 3% 的人关注王家岭煤矿救援进展》，《中国青年报》，2010 年 4 月 13 日。

集体、政党、阶级、民族、国家确立正确的关系。在文化多元化、社会多样化的环境中，价值取向多元化是客观存在的，为了实现广泛认同，加强对社会舆论的引导，实现对主流价值观念的认同。这种认同在根本上是引导对象对主流思想的自觉自愿的认可、接受、赞同、统一乃至尊崇，它不同于机械模仿，也不同于被动依从。认同不只是简单的知识性认知、理解，也不是一般的同意和接受，而是心灵深处的相通、融合和在情感意识上的归属感。这是维系社会共同体的内在凝聚力，也是社会稳定的思想基础。格尔茨说："思想——宗教的、道德的、实践的、审美的——如同马克斯·韦伯永不厌倦地坚持的那样，必须有强大的社会集团来承担，才会发挥强大的作用，必须有人尊崇它们，赞美它们，维护它们，贯彻它们。"① 一句话，就是必须真正认同它们。

　　同时，舆论引导既需要以主流价值为基础开展引导，又需要根据新的社会现实，不断促进新价值共识的积累和凝聚，对当前价值体系有一定程度的突破和完善作用，这是由以下两个方面原因决定的。

　　首先，舆论的形成过程会产生新的思想观念。意见整合是舆论形成中不可缺少的阶段。这个阶段既是一个统一思想认识、统一价值评价的过程，又是一个精神生产与观念生产的过程。许多以最近现实情况为依据的新的思想观念将从中产生。这个过程产

---

① 聂立清：《我国当代主流意识形态认同研究》，北京：人民出版社，2010 年版，第48 页。

生的新思想观念可能会废弃那些不符合时代要求的价值观念和规范体系，建立起适应时代要求、反映时代特色的新的价值观念和社会规范。这正如社会学家郝继隆、张永汉所说："当人们遇到不明事件而又缺乏资料或有关规范为其提供依据时，则他们通常经与他人互动，而设法建立共同朝向之参考架构。"这里所说的"共同朝向之参考架构"是指新的价值观念与社会规范。在社会变革期，社会舆论的功能之一便是创立一套适应时代要求的新社会规范，以指导人们与思想行为，从而对整个社会起到指导作用。① 因此，在舆论引导中，需要是指通过公共舆论活动中的意识互动，对原有的社会价值观念和社会规范体系进行调整，从而建立起的一种新体系。

其次，主体接受过程具有动态发展的特征。舆论意见的整合有一个从简单到复杂、由低级向高级的发展演变过程。它最初是以个体意识或团体意识为基础，以个人的经验为主要形态。在意见整合的过程中，这些个人经验或价值观将逐步得到提升，意见在社会群体的互动中趋同。舆论引导中的认同强调从关系性、社会性、连续性和变动性中建构对主流思想的认同，而非个人和静止的认同，接受主体在不断选择思想观念、调整自我和对外部变化的反映。当新的更加合理的思想观念形成后，主体会自觉选择和倾向于更新的观念，进而形成更新的观念和规范体系。

以2003年大学生孙志刚在收容站被打死而引起法规修改事件

---

① 程世寿：《公共舆论学》，武汉：华中科技大学出版社，2003年版，第107页。

为例，事件经媒体报道后，引发广泛舆论关注，各种舆论在整合后形成了新的价值认同，要求树立以人为本观念，废弃过时的收容遣送办法，代之以人性化的社会救助管理。这不仅引起了政府具体行政行为的变化，也使主体按照新的价值标准来接受和评价事物。

因此，舆论引导与意识形态处于既维护巩固，又突破完善的辩证关系之中，"一律"与"不一律"的关系需要把握和妥善处理，既要维护社会稳定，又要促进思想发展。正如《舆论学—舆论导向研究》指出的那样："对于舆论导向来说，这个问题便是如何使媒介对舆论的引导保持在一种适当的状态，既能够使舆论保持自然的不一律，同时实现一定程度的控制；既要给予公众独立思想和选择的空间，又要保障社会主流思想在舆论中居主导地位。"这种观点体现了对舆论引导中辩证关系的把握。

三、我国社会转型时期的价值体系建构

在社会转型期，思想认同面临着复杂的局面，理查兹·詹金斯认为，"在每一个地方，我们都遭遇到认同的话语。而且，人们讨论的不仅仅是认同问题，还涉及变化问题：新的认同的出现，旧的认同的复活，现存的认同的变迁"。[①] 亨廷顿同样认为，现在

---

①　转引自聂立清：《我国当代主流意识形态认同研究》，北京：人民出版社，2010 年
　　版，第 5 页。

是一个认同危机的时代，现代化、经济发展、城市化和全球化使得人们重新思考自己的特性、身份。从观念的性质来分析，转型期认同危机的根本原因是传统与现代价值观念的冲突与转换，由于在转型过程中人们的思想观念认同遭遇到了强烈挑战，人们的认同处于不断建构—破裂—建构的过程中，剧烈变化的现实往往使得一种认同刚刚确立，瞬间又受到挑战和质疑，因此新的价值体系的构建十分重要，"当代认同问题归根结底是价值认同问题。同样，当代认同危机问题的核心也必然内聚到一个价值认同的危机问题，对认同危机的思考和解决必须与价值认同的建构联系起来看"。①

社会作为一个整本运行的宏大系统结构，需要有维系其社会成员的精神支柱和价值观念，媒介的社会影响力使之具有凝聚社会、引导精神意识的天然优势，因此在形成社会所需要的精神力量方面具有突出作用，如同默多克所说："媒体具有一种无与伦比的力量，它能够把全国各地，哪怕是最遥远角落里的人们凝聚在一起。"② 在转型社会的价值体系建构中，媒介发挥重要作用，需要结合转型实际，通过舆论引导，推进精神力量的建构。

1. 把握社会转型的总体特征

在哲学视野中，"转型"是事物从一种状态到另一种状态的

---

① 王成兵：《当代认同危机的人学解读》，北京：中国社会科学出版社，2004 年版，第20 页。
② 〔澳〕默多克：《传媒产业的价值》，在中央党校的演讲，2003 年 10 月 8 日。

根本性变化，其要义：一是事物自身的矛盾运动性，二是发展变化的过程性，三是变化的全面性和深刻性。因此，在"转型"的矛盾运动过程中，必然存在对"转型前"状态的否定，即从原初状态成为转型状态是第一次否定，但转型是一个长期的过程，一次否定并不构成"转型后"的状态，而是必须经过对转型状态的再次否定，即否定之否定，才能达到"转型后"的理想状态。从这个意义上说，社会转型期，就是对这种"转型"状态的社会描述，处于"肯定—否定—否定之否定"逻辑链条，而第二个环节中的转型状态的规律性特征决定了转型期社会的种种具体表现。

有许多学者已经探讨过这种转型状态的规律性特征。香港中文大学金耀基教授认为，转型的特征有三个方面：一是异质性，即新旧因素的杂然并存。二是形式主义，即应然与实然不相吻合，有其名而无其实。三是重叠性，即分属不同发展阶段的功能重叠，一起发挥作用。① 这些分析较好地概括了转型的一般特征。从事物发展的角度看，"转型"象征着新事物兴起而旧事物尚未消亡，转型时期必然是新旧事物彼此交融，功能重叠发挥，名实不相符合，因此，"异质杂陈"不仅是对不同事物，也是对其功能和存在状态的共同概括。

但除此以外，在事物的矛盾运动中，"转型"还意味着此前的平衡状态被打破，而新的平衡状态尚未建立，因而必然是一种不平衡状态，甚至由于原始平衡状态被破坏，新旧事物之间性质

---

① 刘祖云：《社会转型解读》，武汉：武汉大学出版社，2005 年版，第 37 页。

不同，矛盾因此积聚，因而转型必然是充满矛盾斗争的过程。此外，由于旧事物受到挑战，虽未消亡，但其自足性已经被侵蚀；新事物虽已经出现，但还处在发展过程中，仍不完善，这样就造成新旧事物都呈现出不完备的特征。由此看来，转型状态的共同规律性特点表现在三个方面：异质杂陈，充满矛盾斗争和事物的自身不完备。

由于这些特征，事物的发展方向具备了不确定性，原初状态是确定的，因为它自有一套相应的系统；理想状态也是确定的，因为新的系统已经建立；但转型状态却是不确定的，因为旧系统已经被破坏而新系统尚未完善。从辩证的角度来看，新旧事物中都有精华和糟粕之分，而否定之否定却需要完成"扬弃"的过程，即对旧事物精华继承基础上的发展。如果分别以 A、B 和 a、b 指代新旧事物中的精华和糟粕部分，那么转型在发展方向上便具有了四种可能性：

①A、a 组合：精华＋精华

②A、b 组合：精华＋糟粕

③B、a 组合：糟粕＋精华

④B、b 组合：糟粕＋糟粕

由此可见，转型的多种规律性特征使得事物在整体发展方向上充满了不确定性，从事物发展的角度看，规避不良的 B、b 组合，争取理想的 A、a 组合便是转型期间要努力达到的结果。把握转型在哲学层面的规律性特征，对于媒介深入理解把握转型社会提出的种种挑战及其积极应对具有重要指导意义。

2. 分析我国转型时期价值认同存在的问题

对我国而言，社会转型是从传统社会到现代社会的全方位转变，哲学层面的转型规律特征将在社会的各个方面具体表现出来。我国当前社会转型特征也是如此。我国社会结构深刻调整，思想观念深刻变革，利益结构、情感状态、价值观念都发生了巨大变化，因而利益集团的分化、群体性事件的增多、价值取向的多样便是转型规律性特点的必然结果。

当前我国面临的一个重要挑战就是主流价值认同的问题。改革开放极大地拓展了当代中国公众的生活空间和精神空间，为公众提供了多种价值参照系统。公众置身于多维度的价值坐标之中，于是，舆论的价值取向开始由改革前的单一化趋向多样性，统一化趋向矛盾化，使价值多样性和矛盾化倾向成为社会转型期社会舆论演化嬗变的一个明显的态势。总体来看，在社会转型的过程中，我国文化价值取向朝多样化发展，形成了政治性的主导文化、商业性的大众文化和专业性的精英文化杂糅并生、彼此交融的局面，在价值观念上也呈现传统价值观、市场价值观、专业价值观共同存在的局面。① 这种多样的文化价值观念在一定程度上会消解社会的凝聚性，推进社会的离散性，对维系社会的价值支柱需求更显迫切。

---

① 隋岩：《多重复合的当代中国电视文化意识形态》，《中国人民大学学报》，2002 年第 5 期。

3. 建构新的主流意识形态内容体系

在理论上，"意识形态"具有多种解释和定义，既可以指稳定的理论形态，又可以指动态的思想建构。当意识形态指的是"个人可以借以生存于社会整体之内，并切身感受自己与整体的关系，感受社会实际状况的一种独特的社会实践活动"① 时，主流舆论观念和意识形态具有相通性，舆论引导状况直接影响意识形态发展。实践表明，在一个社会中，主流意识形态只能是一元的，否则就会思想混乱、社会动荡，无论是封建社会、资本主义社会，还是社会主义社会都是如此，都需要具有统一的思想价值体系和核心价值观念。

转型时期价值观念冲突的本质是现代观念与传统观念的冲突，许多情况下甚至是"在现代事物的外衣下，包藏着一颗传统的心"，现代事物成为巩固和加强传统思想观念和体制的形式，如同明朝后期那样，资本主义萌芽在封建思想体系主导的社会中永远不可能得到真正发展，反而使封建体制更加顽强和巩固。② 导致这种结果的一个重要原因在于新的思想观念体系尚未形成和建立，因而，用发展的马克思主义作为指导，建立新的思想价值体系，形成融传统文化精华和现代价值观念优点为主要内容的价值体系，是促进社会实现现代化转型的重要意识条件。

---

① 转引自季广茂：《意识形态》，桂林：广西师范大学出版社，2005 年版，第 8 页。
② 参见王燕玲：《商品经济与明清时期思想观念的变迁》，昆明：云南大学出版社，2007 年版，第 212 页。

　　根据现代性的研究成果，现代社会的人树立的思想观念具体有十二个方面：一是现代人乐于接受未经历过的新的生活经验、思想观念和行为方式。二是接受社会的改革和变化。三是思路广阔，头脑开放，尊重并愿意考虑各方面的不同意见和看法。现代人并不把目光仅仅局限于他个人和与他有直接关系的环境和事物上，也并不只对他直接所处的环境持有自己的意见，而是对外部和国家事务也能提出自己的看法。传统的人则只对与他个人有切身利害关系的少数事情感兴趣。四是注重现在与本来，守时惜时。五是强烈的个人效能感，对人和社会的能力充满信心，办事讲求效率。六是注重计划。七是崇尚知识。八是可依赖性和信任感。九是重视专门技术，有愿意根据技术水平高低来领取不同报酬的心理基础。十是乐于让自己和他的后代选择离开传统所尊敬的职业，对教育的内容和传统智慧敢于挑战。十一是相互了解、尊重和自尊。十二是了解生产及过程。此外，现代人和传统人在对待未来是可通过努力改变的积极乐观态度上还是消极无为的宿命论态度上，在对待社会规则上是具有特殊感意识而享有特权还是规则平等意识上，均具有重要区别。① 而传统社会的观念刚好与这些相反。

　　"理论在一个国家的实现程度，总是决定于理论满足这个国

---

　　① 参见〔美〕英格尔斯等：《人的现代化》，殷陆君编译，成都：四川人民出版社，1985 年版，第 22—36 页。

家的需要的程度。"① 作为世界观和方法论的马克思主义具有开放性，这使它不但自身具有理论上的科学性、系统性，现实中的实践性、群众性，也具有面向未来的发展性、包容性。在我国的革命和建设过程中，以发展的马克思主义为指导，把马克思主义与中国实践相结合，适应了新民主主义革命和社会主义革命与建设的需要。改革开放以来，我国社会的转型经历了不同阶段，进入重要时期，同样要根据时代需要不断发展马克思主义，在向现代社会转型的过程中，融入现代思想精华，为舆论引导建立新的价值标准，促进社会顺利转型。

4. 广泛吸收借鉴历史上价值建构经验和教训

推进转型时期价值体系的建构，需要树立宽广视野，吸收自身和中外的价值认同的经验和教训，不断丰富调整建构方式和方法。这里在《我国当代主流意识形态认同研究》基础上，分析概括如下。

一是总结新中国成立尤其是改革开放以来舆论引导的成就和问题。新中国成立初期，舆论营造了社会主义革命和建设的积极氛围，推进各方面建设取得了积极进展，在高度集中的计划经济体制下，通过大规模的群众教育运动方式，以毛泽东思想为核心的主流意识形态被广泛认同，取得了极大的效果。新时期以来，经济全球化、社会多样化、文化多元化、社会信息化带来了舆论引导的很多新问题，这些特点对舆论引导具有重大影响，一方面，

---

① 《马克思恩格斯选集》第 1 卷，北京：人民出版社，1995 年版，第 11 页。

扩大了主流舆论的思想资源，拓展了其发展空间，丰富了传播方式，提高了传播速度，活跃了思维，促进了社会了解沟通。但另一方面也冲击了主流舆论、增加了选择困惑，挤占主流价值的空间，加大了意识整合难度，在"全球化"的口号下西方采取多种渗透方式甚至可能影响到国家意识形态的安全，这些问题需要引起重视。

二是吸收中外转型期价值体系建构的成功经验。中国古代封建思想价值观念体系产生于"礼崩乐坏"的奴隶社会向封建社会转型之际，后来绵延两千多年。西方资产阶级的价值观念体系产生于封建社会向资本主义社会转型之际，目前在很多国家仍然占据主导地位。总结中外成功的转型时期价值体系建构，可以得到一些基本经验。

首先，应转型时期的社会需要而产生。在我国奴隶社会向封建社会过渡之际，社会经济发生巨大变革，思想价值观念变化，众说纷起，舆论格局显著变化，周代以宗法制为核心的社会规则及其思想体系受到挑战。与舆论格局分散化对应的是，社会已经在实际上形成群雄争霸的局面，统一的思想体系不复存在。在缺乏统一思想舆论引导的情况下，常年征战不息，社会发展缓慢，人民处于水深火热之中。根据社会和群众的需要，孔子删订六艺，弘扬儒学，提出了外重礼法、内崇修养的思想体系，满足了当时的需要。孟子和荀子分别从性善论和性恶论出发，从加强修养和注重礼法两个方面发展了孔子的学说，成为完备的体系。西方则在经历漫长的中世纪后，文艺复兴使人的主体性觉醒，资本主义萌芽得到发展，封建的思想体系和等级制度不再适合当时的社会需要，倡导"自由、平等、博爱"的资产阶级思潮更加符合当时社会思想上所认同的个人主义、政治上认同的民主自由的需要，得到了迅速发展。

其次，根据社会变化而不断发展。我国古代封建思想体系形成后，仍不断融合吸收其他思想，发展完善自身。汉朝在独尊儒术，统一了思想的同时，也不排斥其他文化，反而丰富完善主流文化趋势，在后来得到进一步发展。魏晋时期，修身立德、有为有功的儒家经典受到冲击，道家玄学兴起，但最终实现儒道合流，儒家为体，道家为用，仍然发挥重要作用。宋明时期的程朱理学吸收阳明心学的优点，将封建礼法作为人的本性加以要求，突出礼法的不可挑战性，在吸收外在思想的同时不断巩固和强化自身。西方资产阶级思潮也不断根据情况调整，从古典自由主义到凯恩斯主义，再到新自由主义，实现自由竞争与宏观调控的统一，通过保持价值体系的活力强化了其统治地位。

最后，成功的主流价值体系是政治效益、文化效益和生活效益的统一。价值体系要得到人们的认可，最终必须落实到满足不同人群的利益需求上，这样不同的人群都能认可其核心思想。封建价值观念体系和资产阶级价值观念体系能够得到官方认可，是因其能强化统治，所以能够通过权力推行加以强化。能够得到知识分子阶层的认可，是因为其具有一定的文化含量，并且通过学校教育、考试制度等使之成为知识分子的追求。能够得到普通群众的认可，是因为它能够简化、通俗化，在生活中能够实际运用，因而可以在普通社会中流行。①

三是借鉴中外价值体系建构的失败教训。我国秦朝和苏联的灭亡在价值体系建构方面留下了许多深刻教训。秦朝在统一之后采取钳制舆论的愚民政策，继续把主张"严刑酷法"的法家思想作为其治国的基本指导思想，不但不适合治国理政的需要，还引发了社会反抗，秦朝以焚书坑儒的粗暴方式压制不同思想观念，失去了社会人心。这使得秦朝只是在外在完成了统一，而未能从内在的思想方面完成统一，其迅速败亡则成为舆论思想引导的反面案例。

苏联灭亡除了有政治管理体制缺乏民主，经济发展不足，人民生活不满意，领导人主观变质的原因外，在价值建构方面的教训则在于放弃了马克思主义指导，失去了主流价值标准，否定历史的做法，缺少历史的继承发展，脱离了正面教育为主的原则，增加了负面印象，追求超越实际情况的民主自由，放松媒介管理，造成思想混乱，在西方和平演变的思想攻势下终于土崩瓦解。②

中外价值建构的经验和教训，给我们在舆论引导构建主流价值观念上诸多启示。其一，需要进一步树立"引导"理念，既不

---

① 聂立清：《我国当代主流意识形态认同研究》，北京：人民出版社，2010 年版，第71、113 页。

② 聂立清：《我国当代主流意识形态认同研究》，北京：人民出版社，2010 年版，第82、124 页。

能如同秦朝那样钳制舆论，也不能如同苏联那样脱离现实条件放纵舆论，而是要做到鼓励和规范的统一，通过对社会舆论的引导，建立主流价值观念和判断标准，促进社会进步。其二，不断丰富和发展主流价值观念体系内容，不断丰富完善自身，满足多层次人群需要的实际。其三，在引导渠道上，在大众媒介引导舆论的基础上，吸收人际传播、组织传播、学校教育、家庭教育等其他引导渠道的优势，形成协同引导的有利格局。其四，在引导方式上，通过经济发展建立基础和思想教育相结合的手段，正面教育与反面批判结合，反对神秘化、绝对化、政治化、理想化、强制化，针对不同群体实际开展有针对性引导。其五，在引导效果上，要努力实现深度效果，在认知层面、情感层面、价值层面都产生认同，建立维系社会稳定发展的思想基础。

5. 采取多种方式构建促进社会发展的"精神资本"

亨廷顿认为："认同事实上是一个现代性现象。"这句话表明认同是向现代社会转型过程中的问题，是发展中的问题。传统社会中舆论主体单一，但现代社会信息多元，观念丰富，价值取向多样，人的主体性更加突出，选择性加强，这使得在现代环境下凝聚精神意识更加重要。为此，需要采取多种手段推进价值体系的社会认同，构建社会发展的"精神资本"。

"精神资本"起初是具有一定宗教色彩的概念，宗教人士往往把对神的观念和信仰当作一种精神资本，这种精神资本能主导人的意识，并用来解释整个世界，使人获得强大精神力量。之后的研究使精神资本内涵更加丰富。学者们进一步认识到，作为一种主观力量，不仅是宗教信仰，个人、组织和社会的精神信念所产生的影响和力量对于凝聚人心、维系社会都具有重要作用，是更广泛层面的精神资本。在个人层面，对于高尚生活目标和特定理想的追求，对道德的持守，都可以当作精神资本。英国还曾鼓励国民每天通过与亲人朋友联络感情、积极运动、培养爱好、保持好奇心等一些具体生活事件来增进精神健康，积累精神资本。①在组织层面，精神资本对团体和组织绩效乃至国家的发展也有极大的影响。对企业的数据调查表明，良好的企业文化、独特的企业理念和规范的管理制度对于提高员工生产率、激发创造性、开发个人潜能具有积极作用，精神资本状况不同的同一企业劳动绩效差距可达数倍之多。在国家层面，社会发展中的宏观意识氛围极其重要，不同的社会价值取向会导致截然不同的结果。韦伯在《新教伦理与资本主义精神》中指出，在资本主义历史上，宗教改革产生的"清教伦理"树立了理性、勤奋、节俭、诚信、秩序等的思想观念，是资本主义工业发展的理念支柱，为严密复杂的社会生活组织方式的形成和资本主义文明的发展构建了充分的"精神资本"。

　　但是，推广价值体系，积累精神资本需要有多样的社会化手段。比较政治学家阿尔蒙德在讨论"政治社会化"时提出了符号

---

①　新华网：《英倡议国民积累精神资本，每天做 5 件事提升心情》，详见 http：//news. xinhuanet. com/tech/2008 – 10/23/content_ 10239119. htm。

卷入的观点："大多数政治系统都努力用社会、制度和当权者的一套象征性符号来控制公民……政治领导人力图在传播媒介中大量援用并加强民族传统和团结的象征性符号……通过扮演符号象征性角色来培养公民的政治态度。"[①] 积累以价值观念为主要内容的精神资本并不完全等同于政治社会化，但符号卷入的观点表明了在资本积累过程中需要建立感性符号，讲求艺术性。有学者总结了大众媒介在政治社会化中有直接与间接、设问与回答、放言与沉默、情感与理智、雅与俗、利用意见领袖、重复与新奇、具体与抽象等表达艺术，[②] 这些方法有利于形成新的话语体系和表达方式，对社会转型期间精神资本的积累将发挥积极作用。

总之，价值体系的建立与巩固是媒介舆论引导深度效果的体现，根据形势发展变化，发挥媒介优势，对于在新时期积累观念条件和精神资本，促进我国安全顺利完成社会转型具有重要意义和价值。

---

① 龚文庠：《说服学——攻心的学问》，北京：东方出版社，1994 年版，第 51 页。
② 参见张昆：《大众媒介的政治社会化功能》，武汉：武汉大学出版社，2003 年版，第 351 页。

第五章　媒介舆论引导体系

> "意识形态是一种节约机制，人们认识了他们所处环境，并被一种世界观导引，从而使决策过程简单明了。"

> ——〔美〕诺斯

从舆论引导的过程和方法可以看出，舆论引导本质上是对社会意识的主动建构，因而媒介如何建构社会意识是舆论引导的核心问题，这就需要从意识的内容构成入手，有针对性地进行建构，发挥引导社会舆论的预期效果。随着时代的发展，从传播主体与受众客体的关系看，社会性的舆论意识建构一般有传播主体占据绝对重要地位、以己为主的"灌输模式"，主体性突出但结合受众客体需要的"说服模式"，主客体对等沟通的"交流模式"。在现代社会背景和文明发展的水平下，媒介舆论引导在突出引导者主体性的同时，也注重受众客体的需要实际，不再停留在灌输的层次，但也尚未达到对等交流的水平，总体上看是一个"说服"的过程，媒介舆论引导的最基本方法是"说服"。而说服是指"个人（或群体）运用一定的战略战术，通过信息符号的传递，以非暴力的方式去影响他人（或群体）的观念、行动，从而达到预期的目的"。①舆论作为一种信息传播活动，其中包含着众多的社会个人和群体相互说服的过程，媒介舆论引导的说服作为一种社会性说服，在具有自身主体性的同时，对受众研究更加重视，力求效果的全面和深入，这就需要从认知、情感和价值层面展开说服，最终达到使说服对象"按信息发布者的要求使对象自愿地改变态度或行为"的效果。因此，在工作实践中，需要形成从阐述思想道理到影响知识结构，再到渗透情感人格的系统体系，实现从"看得见的引导"到"看不见的引导"的效果。构建以思想理论引导、新闻舆论引导、文化艺术引导为主要方式的工作体系，对深化舆论引导效果具有重要意义。

第一节 "引领风潮，释疑解惑"：思想理论引导

在马克思主义哲学中，物质与精神、存在与意识的关系是重要内容。从唯物主义观点来看，物质存在对精神意识有决定作用，但精神意识对物质存在具有反作用，二者还可以互相转化，物质

---

① 龚文庠：《说服学——攻心的学问》，北京：东方出版社，1994年版，第2页。

世界是打开的心理学，精神世界则是现实的反映。因此，马克思在强调物质第一性的同时指出："理论一经掌握群众，也会变成物质力量。"在实际工作中，理论是舆论引导的深层部分，"舆论跟着理论走，理论靠着舆论推"，理论作为精神意识中相对科学和系统的组成部分，对认识世界和改造世界都具有重要作用。

一、思想理论引导的重要性

从字面上看，"理论"是指人们对事物的理解和论述，也有辩论是非、争论和讲道理的意思。哲学意义上的理论是系统化的科学知识，是关于客观事物的本质及其规律性的相对正确的认识，是经过逻辑论证和实践检验并由一系列概念、判断和推理表达出来的知识体系。可见，和其他精神意识内容相比，理论具有相对客观性、科学性、系统性的特点，并且和实践密切联系在一起，是舆论引导中需要着力抓好的重要方面。

1. 理论具有指导实践的重要作用

"最蹩脚的建筑师从一开始就比最灵巧的蜜蜂高明的地方，这是因为在他用蜂蜡建筑蜂房以前，就已经在自己的头脑中把它建成了。劳动过程结束时得到的结果，在这个过程开始时就已经在劳动者的表象中存在着，即已经观念地存在着。它不仅使自然物发生形式的变化，同时他还在自然物中实现自己的目的。"马克思的论述表明，人区别于动物的根本方面在于，人能够通过描画思想蓝图，指导自己自觉地认识世界和改造世界。具有科学系统特征的理论对于解释问题、指导实践、预测发展方向、减少盲目行动方面意义重大。因此，马克思主义经典作家一向注重理论阐释和理论思维的培养，并将它们运用到实际工作中。恩格斯说："一个民族想要站在科学的最高峰，就一刻也不能没有理论思维。"列宁则认为："没有革命的理论，就没有革命的行动。"

2. 思想理论引导是实现理论指导作用的中介环节

总体上看，理论工作可分为理论教育、理论研究和思想理论引导等几个部分。思想理论引导，即有目的、有针对性地面向广大干部群众宣扬推广特定理论内容，发挥凝聚思想、统一行动的作用。同前两种理论工作相比，思想理论引导目的性明显、针对性强、范围广、影响大。因此，如果说理论具有指导实践的重要作用，思想理论引导则是促进理论转化为实践，实现这种指导作用的重要中间环节。

在党的工作实践中，尤其需要加强思想理论引导。这是由于，一方面理论本身具有一定的复杂性，需要在宣传引导中进行解释说明；另一方面广大群众的思想状况决定需要思想理论引导工作者积极灌输，促进思想水平的提高。科学的理论经宣传推广后，能够凝聚更多改造世界的现实力量，促进实际工作的开展。因此，毛泽东认为："代表先进阶级的正确思想，一旦被群众掌握，就会变成改造社会、改造世界的物质力量。"

结合实际情况来看，当前我国面临新的国际和国内发展形势。

从国际看，在和平发展成为时代主题的总体形势下，国际斗争更加风云变幻；从国内看，在改革开放成为主旋律的同时，一些发展中的深层次问题不断出现，需要下大力气解决。在思想文化领域，随着经济全球化、思想多样化、传播信息化趋势的发展，主流意识形态的地位需要进一步加强和巩固。同时，在新的信息环境下，互联网日益成为信息传播的主要渠道，各种社会思潮暗流涌动，网络上"呲必中国""赞必西方"的现象仍然存在，主流意识形态有时会陷入"被动辩诬"的境地。

进一步来看，社会思潮是一定历史时期社会群体思想的反映，在中国的现代化发展时期，在不同文明的冲击下，社会思潮发生显著变化。特别是21世纪以来，同早期直接反对"四项基本原则"、鼓吹"全盘西化"相比，宣扬资产阶级自由化改革开放观的手法更为精致化、隐蔽化，而且更加针锋相对。如以"普世价值"消解社会主义核心价值观，以"宪政民主"否定党的领导，以"新自由主义"取代公有制主体地位，以"公民社会"诱导提高社会治理水平，以"新闻自由"曲解党管媒体，等等，企图动摇思想防线，推动我国这样一个东方大国走西方资本主义道路。

近年来，历史虚无主义思潮主要表现为抹黑英雄人物，要求"重新评价"历史人物，质疑中国共产党革命、建设和改革历史，否认马克思主义历史观的指导地位等，实质是企图通过否定中国共产党的历史地位和作用，否定中国共产党长期执政的合法性。西方宪政民主思潮主要表现为拥护资产阶级的国家理念、政治模式和制度设计，打着"依宪治国"旗号，要求实现西方"宪政民主"，引入多党制、议会制、普选制、三权分立制等，实质是企图否定党的领导，最终实现改旗易帜，把西方政治制度模式搬到中国。新自由主义思潮主要表现为主张经济绝对自由化、彻底私有化和完全市场化，反对国家对经济的干预和调控，实质是企图改变我国基本经济制度，削弱政府对国民经济命脉的控制。"普世价值"思潮主要表现为把西方价值观说成是超越时空、超越国家、超越阶级的人类永恒价值，认为西方的自由、民主、人权具有广泛普适性，实质在于混淆西方价值观和社会主义核心价值观的本质区别，动摇党执政的思想理论基础。"公民社会"思潮主要表现为借公民社会宣扬西方政治理念，称公民社会是保障个人权利的前提，是实现宪政民主的基础，将公民社会视为推进中国基层社会管理的"灵丹妙药"，组织各种形式的"公民行动"，实质是企图把党的领导和基层群众自治对立起来，瓦解党执政的社会基础。"西方新闻观"思潮主要表现为以"新闻自由"为幌子，否定我国媒体的党性原则，攻击马克思主义新闻观，鼓噪撤销宣传管理部门，实质是鼓吹抽象的、绝对的新闻自由，否定党对媒体的领导，企图打开对我国意识形态渗透的突破口。质疑改革开放，质疑中国特色社会主义的社会主义性质思潮主要表现为或把发展中的矛盾问题归咎于改革开放，称"改革开放过了头"，质问中国现在搞的还是不是社会主义；或称"改革还远未到位"，鼓吹按照西方制度模式进行彻底改革，实质是在基本路线方针政策和发展方向等根本问题上制造混乱，企图误导中国特色社会主义走上歧途。这些是当前意识形态领域需要重点引导好的错误社会思潮。① 这些新形势下的思想理论领域的现实问题都对加强思想理论引导提出了更高要求。

二、推进思想理论引导的主要思路

在当前的思想理论引导下，仍在一定程度上存在"上不去""下不来""坐不住""听不进""做不到"等问题。针对现实工作中的问题，需要进一步加强环节把控，树立"互联网＋环境"的"大引导"理念，借鉴国外经验，从思想理论引导既要丰富深刻又要通俗易懂的内在要求出发，一方面通过"再理论化"不断充实拓展思想理论引导的内容，另一方面通过"去理论化"增强吸引力、感召力，解决"上不去""下不来"的问题。同时，开展"需求式引导""参与式引导""行动式引导"，有针对性地解决"坐不住""听不进""做不到"的问题，切实弥补实践工作中的短板。

1. 构建政治性、思想性与艺术性相统一、规模宏大、品牌突出的思想理论引导队伍

增强思想理论引导实效性的第一位就是要高度重视人才队伍

---

① 参见中共北京市委前线杂志社：《七种错误社会思潮评析》，学习出版社，2018年版。

培养，不断壮大思想理论引导力量，提升引导主体的素养和水平。加强思想理论引导，要增强信源的可信度，打造宏大引导队伍。因为传播学理论认为，传播对象首先会根据传播者的可信任程度，对传播信息的真伪和价值进行判断和相应的处理。实践也一再证明，思想理论引导主体越是让受众觉得可信，其传播的内容越是容易被接受，引导的效果也就越好。而引导主体的可信性来源于两个变量：一是引导者的素质，即引导者是否具有丰富的理论底蕴，以及是否具有诚实、公平等道德品质。二是引导者的权威性，即引导者对所传播的信息相关的问题是否具有发言权和发言资格。因而要把提升思想理论引导主体可信性作为重要前提，按照政治合格、学养深厚、道德高尚、魅力突出、表达熟练等要求，抓好资质遴选，打造一批"真学、真信、真懂、真用"，专兼结合、结构合理的优秀思想理论引导者和践行者，为思想理论引导工作提供有力保障。

2. 强化受众研究，做到分层分众、有的放矢、精准传播

如同古代说服学指出的那样："凡说之难，在知所说之心。"在传播理论中，思想理论引导必须坚持针对性原则，根据引导对象的个性特点、具体需求和意识水平，恰当选择引导内容、形式和方法，而不能要求引导对象主动适应引导主体。贯彻思想理论引导针对性原则，关键在于：一是思想理论引导应当针对引导对象的层次特点，二是思想理论引导应当针对引导对象的需要，三是思想理论引导应当针对引导对象的心理特征和个性特点。而引

导对象在现实生活中是拥有不同社会心理、价值取向、文化期待的受众。因此，在思想理论引导中要细分对象，要想一想自己的文章、演说、谈话是给什么人看、给什么人听的，要根据引导对象的生活方式、文化水平、具体利益和价值取向等，有针对性地进行思想理论引导。

3. 按照思想性、逻辑性、实践性、生动性等要求，完善引导内容体系

在"标题为王"的时代，如何做到"内容为王"，是思想理论引导中的关键问题。高端优质的引导内容是思想理论引导效果的生命线。为此，要集中精力、多方组织力量，一方面要做好对理论创新的准确理解和深度把握，并对思想理论引导内容进行科学设计。另一方面要深入基层开展问题调研，增强思想理论引导的针对性和实用性，与时俱进、实时跟进国际与国内政治经济文化和社会形势发展新需要，以及根据有关部署要求更新选题、提高内容质量，形成融思想性、逻辑性、实践性、丰富性、生动性于一体的思想理论引导内容，不断完善融日常与热点，规定与自选，理论与知识、修养等一体的引导内容体系，提升引导效果。

4. 运用多种方法技巧，提高思想理论引导的感染力

高超的理论引导水平是增强其感染力和吸引力的重要因素。好理论要有好表达，讲究方法艺术是增强宣讲效果的有效途径，为此，不仅要坚持群众性，而且在感情态度上要平等待人，努力把"说教式""注解式"转变为符合人们心理活动规律的"诱导

式""解惑式"，还要提高文字表达能力，创新话语体系。因为话语体系是思想的语言载体，对传达理论内涵具有直接作用。理论引导实践中往往会出现学术话语、政策话语、大众话语这几种话语方式，各有其特点和作用。作为高质量的理论引导，需要结合时代发展形势，并且合理创新运用这三种话语方式，在新媒体发展的形势下吸收运用符合时代需求的话语方式，使得理论引导既有学理性，又有政策指导性，并且还具有通俗生动性，满足不同人群的需要，增强思想理论引导的解释力、感召力和影响力。

第二节 "提高舆论引导能力"：新闻舆论引导

新闻舆论引导具有直接关联现实、敏感性强的特点。新闻舆论信息虽然不能"影响人们怎样想"，却能通过设置议程"影响人们想什么"，最终达到"影响人们怎样想"的效果。加强新闻舆论引导，就要在把握新闻舆论引导能力构成特点基础上，以科学设置议程为重点，不断提高各级引导主体的能力。

一、新闻舆论引导能力的基本特点

能力分解开来解释是"功能"和"力量"，指主体能够发挥某种功能，具有完成特定任务的力量和本领。从概念可知，在能力的范畴中，离不开主体、客体等基本要素，能力不能脱离主体而存在，需要在具体人物中体现，并且以能否完成任务为检验标准。同时，主体完成工作需要借助某种工具，是一个在理论指导下的实践过程。作为能力的一种，新闻舆论引导能力必然体现出能力的这些基本特点。新闻舆论信息直接反映社会现实，更加鲜明地体现出以下特点。

1. 主体依附性

新闻舆论引导能力是依存引导主体而体现出来的能力和本领。在新闻舆论引导过程中，引导主体具有重要的地位和作用，需要对各种舆论现象进行能动处理。与舆论是对社会存在的刺激—反应不同，舆论引导是对社会意识的主动建构，具有自觉、理智、有组织等特征。舆论引导就是引导主体通过有计划、有目的地开展引导活动，对社会舆论施加影响，建构符合引导主体需要的社会意识的过程。在这个过程中，舆论引导的主体依附性表现得十分明显，在现实中，这种依附性体现在主体的引导观念、政策选择等方面。

2. 客体指向性

舆论引导的客体是引导主体的对象，对客体的引导方式、手段和效果能直接体现出引导主体的能力水平，主体的能动性只有在客体上才能体现出来，是一个"本质力量对象化"的过程。在舆论引导中，引导客体直接体现为各种社会现实问题及相关舆论现象。舆论是和利益关系密切的活动，舆论引导是对舆论的积极建构，同样与利益直接关联。与舆论同群体利益、个人利益相关不同，舆论引导则同统治阶级利益、社会利益直接相关，本质上也是指向利益的活动。正是在对这些利益客体的协调和引导过程中，引导主体展现出自己的能力。

3. 载体中介性

在主体对客体的改造过程中，会借助工具和载体的帮助，在现代舆论的传播和引导中，同样也离不开中介因素的存在。一方面由于意识对物质具有依赖性，思维主体首先需要发展到一定程度的大脑物质作为基础。另一方面意识的传递需要语言符号系统及其相关物质载体。在社会性意识的传递中，这种中介体现为物质实体存在的媒介及其以文字、图片、电磁波等物质载体为中介开展引导。这样，舆论引导按照不同的标准可以有多种分类，按照符号载体，可以分为文字引导、图片引导、声音引导、视频引导等方式；按照结构形态，可以分为信息引导、艺术引导、理论引导等方式；按照传播类别，可以分为组织引导、人际引导、媒介引导等方式。无论如何，舆论引导需要通过一定的中介载体来进行。尤其是在现代社会中，媒介在舆论引导中发挥了越来越大的作用。现代报纸的发展，特别是20世纪电子媒介的普及，以及以互联网为代表的新媒体技术的出现，使得通过大众媒介进行舆论引导成为主要的和基本的途径。

4. 丰富系统性

在我国，舆论是广义的概念，包含丰富的内容。新闻舆论引导中不仅包括对公开表达的意见的引导，还包括对冰山下的信念、态度和情绪等多方面的引导，只有这样广义地理解舆论才能对舆论引导有更深层次的把握：不仅要把握舆论意见本身，还要把握它因何而来、向何而去，并在这个基础上思考应对的方法。因此，舆论和舆论引导的涉及面非常深广，这也是在我国为什么会把舆论引导和"生命论"、"福祸论"、执政地位、执政能力联系起来的原因所在。因此，舆论引导能力是涉及全方位的系统结构。

此外，新闻舆论引导能力也具有一般能力的共同特点，它相对稳定，在一段时期内能够平稳地发挥功能，同时它又流动可变，必须根据新的情况和形势调整和丰富能力构成，有时甚至要从根本上对引导能力有重新的理解和系统的改造，这些都反映了舆论引导能力的复杂性。

二、新闻舆论引导能力建设的主要内容

新闻舆论引导既包含执政者的管理活动，也包含媒介的传播活动，同时也是个体的精神活动。因此，在舆论引导过程中，涉及了三个层面的主体，即国家管理主体、媒介传播主体、个人工作主体，由于能力是和主体紧密联系的，舆论能力构成的内容需要从这三个层次的主体来分析。

1. 管理部门的宏观调控能力

在新闻舆论引导中，管理部门的宏观调控主要不体现在具体

舆论活动的参与，而是体现在影响舆论引导整体的环境把握、设施建设、制度供给、规律探索等方面。

当前，我国社会结构深刻调整，思想观念深刻变化，利益结构、情感状态、价值观念都发生了巨大变化。作为宏观管理者需要把握整体环境的变化，为社会转型背景下的舆论引导建立稳固的思想价值标准，既要以社会主义核心价值观为基础开展引导，又要根据新的社会现实，不断促进新价值共识的积累和凝聚。

在我国舆论引导的发展中，硬件条件的改善发挥了重要作用，促进了我国舆论引导水平的提高。根据国内国际形势的变化，我国提出了进一步加大舆论引导能力和国际传播能力建设的要求，这就需要继续加强硬件建设，为提高引导能力水平创造基础条件。尤其是在新媒体发展和传播模式变革的背景下，报纸、广播、电视等传统媒体与网络、手机等新媒体在组织结构、传播手段、传播内容等方面互相参透，形成了媒介立体化传播格局。这就需要宏观引导主体从重新思考布局的高度，创造在新媒介发展背景下的舆论引导硬件和技术条件，融合传播的传统形式和现代形式，更好地发挥舆论引导功能。

制度供给是管理主体为规范人们的行为而提供的法律、伦理或经济的准则或规则，其本质是制度的生产和对制度需求的回应。在新的政府管理理念下，制度作为一种"公共产品"，是管理部门公共服务的重要内容。由于制度是为规范社会行为而制定的要求，具有长期性和根本性，在新的舆论格局下，宏观层面的舆论引导者需要发挥公共服务职能，提供优质的制度产品，为提高舆论引导水平奠定制度基础，如舆情分析制度、信息发布制度、联动配合制度、创新激励制度、人才建设制度、培训教育制度等。

更深入地来看，作为宏观管理主体，需要站在高端把握舆论引导的走势和特点。一次舆论引导过程常常是某种社会存在及其相关信息激发不同群体的心理情绪和态度，经由传播整合，形成具有一定代表性的舆论，在此过程中，各种社会意见分化组合，此消彼长，经合理引导成为正面影响社会存在的精神力量，促进政治稳定、社会进步和个人发展。舆论引导作为对社会意识的主动建构，具有自觉、理性、有组织等特征，这就需要宏观管理者更加注重对舆论形成、传播和引导规律的探索和把握。

2. 媒介机构的中观执行能力

媒介机构是新闻舆论引导的主要执行主体，处于对上落实国家政策规定，对下指导具体工作的中观地位，需要围绕媒介信息发布、观点表达的基本功能，加强受众分析研究，提高自身的舆论引导能力。

在现实中，人们并不能实际接触绝大多数舆论客体，事实上引发舆论的并不是公共事务本身，而是媒介对某种事务的信息反映，因而信息实际上成为传递公共事务利益变动和发展方向的符号形式，满足信息需求从根本上说就是满足利益关切需求。在我国，社会转型的特征增加了人们的不安定感，需要更多的信息和相关意见指导来解决自身面临的一些问题。因此，媒介除了按照新闻传播的基本原则要求传递真实、及时、准确的信息外，还需要对信息进行更加细致的分类把握，深入分析不同信息的性质和作用，处理好"丰富信息"和"适度信息"、"起始信息"和"连贯信息"、"外部信息"和"接近信息"、"事实信息"和"意见信息"的辩证关系，并且在报道中提供更多背景性信息、数据性信息、预测性信息，借鉴及收精确性报道、调查性报道等形式的优点，为舆论引导打好基础。

在观点表达中，一方面媒介要加强观点的判断和选择。在舆论表达过程中，不同思想派别、政治立场、态度观点的人宣传自己的意见看法时，媒介就需要广泛了解舆论意见的情况，通过信息把关、建立框架和议程设置，传播表达有利于舆论引导的思想观点。另一方面舆论是一种精神意识活动，以语言表达自己的思想观点，舆论引导则是以主流思想观点统摄多种思想观点，从根本上是"以言制言"的体现，要通过思想观点表达实现舆论引导的既定目标。因而，在信息的分析评判与把关选择的基础上，媒介需要结合现实问题和舆论状况形成自身的意见看法，对社会舆论产生影响。这时，媒介更加深入地参与到舆论的形成过程中，从而形成自己的"媒介舆论"。媒介舆论实质上是媒介在舆情分析基础上经过整合创造形成的意见流，它和反映舆论的区别在于，它在事实上形成了自身的看法和意见，对引导舆论意义重大，是需要重点加强的能力因素。

3. 个人主体的微观业务能力

舆论引导最终需要在个体层面来完成，个人可谓是宏观调控要求和中观执行计划的终端体现。毛泽东同志说过："政治路线确定之后，干部就是决定的因素。"在舆论引导中也是如此。因而以工作素质为核心的微观业务能力是个人主体舆论引导能力的体现，这具体包括以下几项能力。

一是知识积累能力。现代舆论的内容广泛，政治、经济、文化、社会、科技等无所不包，涉及的知识领域多样，这就要求舆论引导者具有广博的知识基础，除了日常的知识积累外，还要在重大事件引导中，围绕特定专题"做功课"，积累相关专业知识，理解报道内容中的深刻内涵，为舆论引导打好基础。

二是分析思考能力。舆论不是一般的信息传播和新闻报道，而是具有深厚的利益关联，要处理好复杂的社会群体关系，就需要引导者具有较高的分析思考能力，能深入把握事件的本质特征，掌握引导的重点所在。

三是语言表达能力。在现实的舆论引导中，不仅要积极传播信息，维持社会稳定，也要善于表达各种思想观点，维护完善社会价值体系。在这个过程中，信息的选择把关、舆论群体声音的表达、价值观念的提炼，都需要具有较高的语言表达能力，才能起到较好的舆论引导效果，这就需要不断提高语言表达能力。

四是沟通交流能力。舆论引导的目标是要促进社会群体规范的重建，在此过程中涉及多方面社会关系，需要引导者具有较强的沟通交流能力，才能获得更多信息，得到更多支持，完成引导任务。如在引导中要结合我国媒介管理特点，处理好与舆论利益相关群体的关系、与公众的关系、与管理部门的关系等，这就要求引导者善于把握不同人群的社会心理变化，考虑社会承受度，有策略地开展引导。

五是协同合作能力。在舆论引导过程中，每个人都是整体的一个环节，发挥特定的作用和功能，需要从整体协同角度出发，联动配合开展工作。既要在自己所在的媒介中促进各部门的配合，推进引导的顺利开展，还要与其他媒介协作；既通过相似性报道，取得较好的累积效果、遍在效果和共鸣效果，也通过差异化报道取得较好的互补效果，完成舆论引导任务。

总体看来，由于舆论问题大多属于社会发展中出现的前沿和活跃的新问题，当前我国社会转型加快，舆论问题多发，很多问题都是跨学科的综合性问题，对引导主体能力提出了更高的要求，因而需要结合新的情况，加强舆论引导专业研究，不断促进舆论引导工作思路创新和工作方式、方法、手段的创新，丰富完善不同层次舆论引导主体的能力系统结构，促进舆论引导从"艺术"走向"科学"。

第三节 "看不见的引导"：文化艺术引导

在我国的历史发展中，古人把文化艺术不仅看成娱乐手段，更视为国家治理的重要手段。作为古代礼乐体系的重要部分，文艺在社会治理中发挥重要作用。"礼以道其志，乐以和其声，政以一其行，刑以防其奸。礼、乐、刑、政，其极一也，所以同民心而出治道也。"这就是说，文艺和行政、法制一样，在治国理政中具有重要作用。而且，古人指出："道之以政，齐之以刑，民免而无耻；道之以德，齐之以礼，有耻且格。"相对于外在制度和法规的遵守、理论的直接性和新闻的信息性，文艺从内在提升人的廉耻之心等修养方面，取得了更为深入的"心治"引导效果。

一、"寓教于乐"：文化艺术引导的独特优势

中国古代注重发挥文艺的作用，因为文艺具有寓教于乐、润物无声的效果，不仅具有大众普及性，而且在怡情悦志、宣泄情感、构建心理人格上作用更加隐性潜在而全面深刻。

1. 文艺具有构建价值的独特方式

任何社会都需要构建稳固的价值体系，文艺方式的独到之处在于，文艺以形象承载价值，文艺美是"理念的感性显现"。因此，在文艺中，经常会看到形象、情感、人性、人学等概念，在文艺创作中注重感兴、性灵、意境，强调意在言外、超以象外而得其环中，最终和哲学相通，在价值构建中发挥重要作用。但文艺是通过形象承载价值，即以意象的方式完成价值体系的构建，

使人容易接受。

由于这种独特方式，文艺直接诉诸人的感情世界，影响非常深入。在文艺欣赏中，会意的共鸣可能使人热泪盈眶，通过文艺得到的情感净化可能使人终生难忘。因而，文艺鉴赏常出现"移情""召唤结构""无我之境"等概念。在文艺创作中，则要求"文质彬彬，然后君子"，"闳中肆外"，以内在修养提高文艺品质。因而，在古代，重视情感影响的深刻性，因为高兴或悲伤、爱或恨、亲近或疏远往往会使人们对同一事物做出完全不同的判断。在历史上，一些名著可能被代代相传，影响长远。在现实中，一些优秀文艺作品，如《西游记》《亮剑》等被反复播放，有人竟能达到痴迷的程度，观看几十次也乐此不疲，可见其影响的深刻性。

文艺的深入影响使古人十分重视其社会功能，把文艺视为"兴、观、群、怨"的重要载体，而且认为"文变染乎世情，兴废系乎时序"，文艺的发展变化和时代状况及社会政治生活息息相关。因此提出"治世之音安以乐，亡国之音哀以思"，把文艺风格看作时代的皮肤，反映出政治状况、社会习俗、工作作风等丰富内容。正是因为上述独特优势，文艺的作用不可或缺，也不可替代。充分发挥文艺在国家治理体系中的应有作用，有利于为社会发展提供深厚的心理情感基础和强大的精神力量支撑。

二、"审美期待"：文化艺术引导的文本特征

在文艺理论中，文本是"任何由书写所固定下来的任何话语"，是作品可见可感的外在结构，构成了一个相对封闭、自足的系统。提出"文本"概念的重要原因在于把作者和读者视为两个主体，认为文本作为语言的实际运用形态，有待于读者的阅读才能实现价值。在文化艺术引导中，文艺文本和信息文本具有不同的性质和特点。

1. "召唤结构"与"认识结构"

"召唤结构"是德国接受美学提出来的重要概念。他们认为，"作品的意义不确定性和意义空白促使读者去寻找作品的意义，从而赋予他参与作品意义构成的权利"。在艺术作品中，这种由意义不确定与空白构成的就是"召唤结构"，它召唤读者把作品中包含的不确定点或空白与自己的经验及对世界的想象联系起来，激发读者进行想象和填充作品潜在的审美价值的实现。这样，有限的文本便有了意义生成的无限可能性。召唤结构吸引和激发读者参与到作品中，结合自己的想象来完成作品阅读的审美过程。在一定意义上可以说，一部作品的不确定点或空白处越多，读者便会越积极地响应"召唤结构"的召唤，深入地参与到作品审美潜能的实现和作品艺术的再创造中。虽然这个理论是针对文学作品而言的，但也具有艺术原理的一般特点。召唤结构作为接受美

学的重要概念，其核心是将创作主体与欣赏主体置于平等的位置，把读者的参与作为完成作品意义的组成部分。它要求艺术作品具有立体的、多方面的内涵，激发读者的参与。

但信息文本却主要是一种认识结构，它要求通过信息的传递消除不确定性，逐渐形成精确的指向，并且意见的阐明能够对现实发挥影响。如果说艺术文本是具有交流能力的情感客体，发挥情感交流功能，使人们获得情感熏陶和审美享受，那么媒介引导文本则是以材料形式存在的认识客体，传递以社会化符号作为载体的信息为手段，搜集情况和资料，达到指导实践的目标，主要发挥的是认识功能。

2. "营造意象"与"传播信息"

由于文本性质的迥异，二者在形成策略和创作法则上也大相径庭。在诗人的世界中，艺术与现实世界是一种否定的关系，"艺术来源于生活又高于生活""艺术是对现实的反讽"等都表达了这种否定性的主张。在这种主张的指导下，艺术文本需要用陌生化、隐喻、比拟、营造意义空白等方式形成具有丰富内涵的意象，在审美距离的作用下形成审美的期待。舆论引导却需要立足于现实，按照真实、全面、平衡的原则，传播各种意见信息，对现实进行实际的改进。当然，在媒介舆论引导中也会形成某种期待，但这种期待在性质上是认知期待，其参照标准是现实，而非以虚构理想状态为参照标准的审美期待。

3. "主客合一"与"主客二分"

在接受方式上，艺术文本与信息文本具有不同的思维方式、过程和效果。由于内在审美生命参与和理性对待客观现实不同，二者诉诸的感官不一样，前者诉诸感性的审美感官，要求消除主客区分，彼此互动，后者却诉诸理性思维感官，主体置身于客体之外，以理性的态度看待客体，因而从本质上分别属于审美过程与认识过程。在审美过程中，接受艺术文本需要二度创作，是要求付出情感的交流式传播，而后者却是诉诸理性的劝服式传播。劝服式传播主要通过信息符号传播，也是一种"能指"传播，基本上是社会性编码的解码和译码过程，而艺术文本则通过两种方式传播——能指传播和所指传播，即情感传播，在艺术文本中则充满不规则的情感密码的理解和接受过程。这样，一个是刺激—反应过程，通过比较分类分析判断，符合理性思维特征；一个是体验—升华过程，召唤读者参与创造。由于接受过程的差异，在效果上，媒介文本引起联想少，不能改变深入观念，浅显而不深刻。艺术作品能够深度影响读者，达到净化、升华的精神境界，走向崇高，能够有更深的引导效果。媒介文本的这些特点对于在舆论引导中如何借鉴文艺作品的优点，提高艺术性，深化引导效果提出了新的要求。

三、"文化自信"：提高文化艺术引导工作水平的思路

当前，在文化艺术引导中还存在一些问题，如胡编乱写、粗

制滥造、牵强附会，制造了一些文化"垃圾"；有的热衷于所谓"为艺术而艺术"，只写一己悲欢、杯水风波，脱离大众、脱离现实，等等。在实践中，有的作品价值观混乱，降低了社会的审美教育功能；有的作品追求奢华，过度包装，形式大于内容；有的作品语言刻板晦涩，缺乏吸引力、感染力。造成这些问题的原因，固然有市场经济环境下过度商业化导致的利益短视影响，也不乏创作指导思想和价值观念的迷失，但根本原因在于对文化艺术引导的重要性和性质把握不充分，结果要么形成不中不西、不土不洋的"奇葩艺术"，要么产生自导自演、自说自话的"自我艺术"，失去了曾经的广泛社会影响力，因此需要以新的思路进一步开展文化艺术引导。

1. 把握文艺工作领导权，遵循文艺工作规律

自古以来，文艺活动的开展不仅是丰富生活的需要，也是寓教于乐、维护国家长治久安的方法和手段。在社会转型发展的重要时期，对于坚持中国特色社会主义文化发展道路，培育和践行社会主义核心价值观，实现"两个巩固"，推进我国完成全面深化改革各项任务都具有重要意义。因而，把握文艺工作领导权十分重要。从理论上看，这是执政的文化方式体现，如同葛兰西所说："一个社会集团通过两条途径实现它自己的至高无上的权力：作为统治者和文化与道德的领导者。"即文化领导是国家权力的体现和重要管理方式，需要牢牢把握。

做好文艺引导工作，需要坚持价值标准，创造优秀作品，这

其中离不开对文艺规律的把握和遵循。因此，一方面要推进全面深化改革，改革文艺工作管理体制和工作机制，作为专业性很强的工作，更需要专业性的管理，需要重视专业工作人员的劳动，解决工作中存在的"外行领导内行""做业务不如混事务"等问题，清除消极腐败现象。另一方面要大力培养和使用人才，打破论资排辈和平均主义，以能选人，发挥创新性人才不可替代的重要作用。

2. 处理好立足自身与借鉴西方的关系

中国传统文艺理论讲求托物言志、寓理于情，讲求言简意赅、凝练节制，讲求形神兼备、意境深远，强调知、情、意、行相统一等，是指导文艺发展的优质文化资源。在文艺事业发展中，要坚守中华文化立场、传承中华文化基因，坚持用中华美学精神指导文化艺术实践，结合人民群众日益增长的精神文化需求实际，扎根火热现实生活，创作出群众喜闻乐见的艺术作品，不断满足新形势下的社会精神文化需求，彰显文化艺术愉悦身心、引导思想、净化情感、陶冶情操的重要功能。同时，中华美学精神是不断开放发展的思想体系，文化艺术同样需要与时俱进，要在广泛继承古今中外优秀文艺传统的基础上，大力推陈出新，实现包容发展，走出一条不同于传统，又有别于西方的独特道路。

3. 大力营造促进文化艺术发展的良好政策环境

要遵循文艺创作规律，创新管理体制和工作机制，努力营造良好文化环境和政策环境，着力围绕创作中心环节，发挥核心人才原创能力，深入开展文艺理论研究和鉴赏评论，健全完善总体规划、选题策划和价值评价体系，为文艺精品从创作生产到传播展示等各环节做好服务保障，促进文艺在创作理念、主题思想、题材内容、艺术表现等多方面上进行符合时代要求的创造性发展，创作出无愧于时代的优秀作品，彰显文艺不可替代的重要功能，为凝聚民族精神力量、实现民族伟大复兴提供丰富的文化熏陶、道德滋养和精神支撑。

传播效果理论认为，传播对人能够产生有效影响，具体指受传者接受信息后，在知识、情感、态度、行为等方面发生的变化，通常意味着传播活动在多大程度上实现了传播者的意图或目的。传播效果依其发生的逻辑顺序或表现阶段可以分为三个层面：一是外部信息作用于人们的知觉和记忆系统，引起人们知识量的增加和知识结构的变化，属于认知层面上的效果；二是作用于人们的观念或价值体系而引起情绪或感情的变化，属于心理和态度层面上的效果；三是这些变化通过人们的言行表现出来，即成为行动层面上的效果。从认知到态度再到行动，是一个效果的累积、深化和扩大的过程。

因而，媒介舆论引导的实践工作体系，正是为了实现多方面的传播效果：通过信息传达和观点表达，改变人们的知识、情感和行为，逐步实现主流价值建构，促进人们完成从想什么到怎么想的转变。引导的效果不限于思想领域，更有实际政治经济效果。在政治方面，通过认知、态度和行为层面的变化，引导者达到促进政治社会化和良性政治沟通，实现政治目标的预期计划。在经济方面，政治的实质是统治阶级运用国家权力对社会资源进行配置的管理手段。理想的政治模式追求社会资源的高效和合理配置，从而引导思想建构，在精神世界中提出现实问题的解决方案，以相对较少的资源消耗实现目标。

　　因此，在社会这个整体运行的宏大系统结构中，媒介不仅具有维系社会成员的精神支柱和价值观念的中介作用，而且更作为"政治行动者"参与到政治行动中，通过履行不同的角色，发挥促进社会资源配置的作用，对促进政治进程、优化执政资源、实现执政目标有重要影响。正是在这些意义上，国外学者麦克奈尔把现代政治称作"中介时代的政治"。

结语：媒介舆论引导反思

　　"自由报刊是观念的世界，它不断从现实世界中涌出，又作为越来越丰富的精神唤起新的生机，流回现实世界。"

——马克思

　　媒介建构的社会意识最终以社会存在为来源，但又对社会存在具有反作用。为此，需要把媒介放在社会存在的宏观系统中，全面分析看待媒介舆论引导影响社会现实的价值和局限，合理发挥媒介在当前信息环境下的舆论引导作用。回顾总体，大众媒介之所以能够在建构社会意识，进行舆论引导中发挥作用，是由其属性、优点和缺点决定的，亦即媒介具有和舆论高度适应的优点和缺点，结合舆论的特点有利于深化对媒介舆论引导的反思。

　　媒介舆论引导内容丰富，反应敏锐，影响广泛，具有多方面社会作用。在实践层面，媒介舆论引导具有维护政治稳定、促进经济发展、解决社会问题、推进文化发展乃至增强民族凝聚力、提高软实力的现实作用。在理论层面，媒介舆论引导作为对社会意识的主动建构，对于激发个人精神潜能，推动群体精神交往，促进社会精神生产，乃至探索人类精神发展规律都具有积极意义。这是因为媒介舆论引导关注的往往是现实社会中的热点或焦点，引导中传播的信息、提出的意见不仅可以吸引人们的注意，促进思想的活跃进而表达各自的见解、建议和要求，促进人的主体性发展，还可以在宏观层面汇聚民智，调动尚处于"自组织"状态的精神生产力，为推动对事物的认识和规律的把握发挥积极作用。

在现实层面，媒介舆论引导发挥重要作用。尤其是在当前信息传播现代化、价值取向多元化、社会发展多样化的背景下，加强媒介舆论引导关系到马克思主义主流意识形态的认同、扩大和巩固，关系到复杂现实矛盾的疏解和社会稳定，关系到国家和民族振兴，关系到国际意识形态安全和国际共产主义运动的前途和命运。而且，主流舆论自觉体现和反映维护统治阶级政治经济利益的价值观念体系，这些"核心价值观"是社会通行的政治思想、价值标准和行为规范的思想基础，除了维护社会政治稳定外，也具有认识功能、行为控制功能、指导未来的功能，甚至还具有相当的经济功能。"意识形态是一种节省的办法，个人用它来与社会协调，并靠它提供一种世界观，使决策过程简化。"在诺斯看来，对于社会整合、统一思想、价值引导、行为约束来说，意识形态在经济上是最节省的办法，它提供的标准和依据能减少种种不必要的过程，实现思想效益的优化。① 这就更需要媒介在舆论引导中发挥积极作用，促进这些功能的实现。

但是，由于"记者们忙于说明连他们自己都还不很了解的东西"，必然带来一系列问题，这使得媒介舆论引导的优点本身就包含着相应的缺点。丰富变动的反映内容不仅可能造成选择的困难，也容易使媒介报道不够深入，有时甚至不够正确。就媒介营造的拷贝世界来说，一方面它使得世界简化，容易把握，为公众构筑了一个不可缺少的"虚拟空间"。另一方面，"拷贝世界"在简化世界的同时也肤浅化了世界，严格的媒介组织价值规范使得"拷贝世界"带有主观或歪曲反映的色彩。而且，针对意识的精神表述方式忽略了社会群体文化素质的差异，而透过"理解性屏障"的特点可能造成"信息鸿沟"的扩大，不利于某些群体的舆论表达，媒介营造的舆论和谐中不一定能反映真实存在的社会问题。在引导效果上，功能性的媒介文本情感关联小，难以影响深度价值观念，而且周期长、效果隐性、不易测量，不恰当的舆论引导甚至可能导致社会误导、逆反心理等问题。就此藤竹晓写道："在这一巨大的信息环境里生活的人，却几乎不具备验证、确认这一信息环境的能力，这就是现状。现代的人们，能理解信息环境，并置身于其间，又喜又悲。可是，在现实生活中，这一信息环境该发展到什么程度较为恰当？又有哪些部分重要、哪些部分

① 聂立清：《我国当代主流意识形态认同研究》，北京：人民出版社，2010 年版，第 11 页。

不重要？……人，是环境的主体，应当靠自己的力量确认自己的环境。但现状却是，人只能依赖于信息环境及其赋予的定义而生存，在这样的现代环境的结构下，有时人就会被信息环境（虚拟环境）所欺骗。"① 这段论述深刻揭示了媒介在拷贝世界营造中存在的"伦理悖论"问题。

此外，作为一种"他人引导型"的方式，媒介在一定程度上造成了社会人际关系的疏离，限制受众理性能力的发展。媒介快速反映容易造成理性思考不足，为求得普遍影响带来的不够深入、丰富的内容而引起的疲于应对，与社会性突出对应的个性缺乏等问题，都在提示要结合"传统引导""内部引导"和"他人引导"，以期更好发挥引导社会作用的重要命题。

因而，我们需要在整个社会宏观系统中看待引导舆论的"媒介方式"。首先，它不能脱离现实物质力量。主流舆论作为一种意识，归根结底来源于社会存在。马克思指出，意识形态的作用有时是巨大的，但是，它并不是一种支配人们社会生活的独立力量，相反却是由人们的物质生活条件决定的。"在现实中，意识的限制是同物质生产力的发展程度和财富的发展程度相适应的。"从这个意义上说，主流舆论的传播不仅需要坚实的物质保障，而且从根本上更取决于其反映现实的程度和传播物质条件的发展程度。

---

① 转引自陈力丹：《舆论学—舆论导向研究》，北京：中国广播电视出版社，1999 年版，第 68 页。

其次，它不能脱离定位。有学者曾指出："公共舆论引导，是指社会主导者，包括政府、政党以及各种社会组织对公共舆论的引导。具体讲，是指社会主导者通过传播特定的评价信息影响社会公众对公共事务的关注与评价，使公共舆论朝着符合社会规范和道德准则的方向发展。"[①] 因而舆论引导的主体是国家和社会的主导者和管理者，新闻媒介是社会主导者引导公共舆论的工具与手段，是舆论引导中的执行型主体。而且媒介舆论本身也是社会舆论的一种，也需要引导。除了离不开社会管理主体外，媒介舆论引导的实际效果受舆论、公众、现实发展水平等多种规制因素影响，需要在和这些因素的互动中产生。

因此，舆论引导的媒介方式虽然具有基础性的作用，但也需要放置在整个宏观社会系统中看待，媒介必然受到现实生产力发展水平、舆论规律、公众总体状况等规制因素的影响和制约，需要结合组织传播、人际传播等才能取得更好的效果。因此，对媒介舆论引导的能力既不能夸大，也不能缩小。我们的建议是，媒介需要在社会转型的背景下，立足于在整个社会系统的合理位次，适应受众需求提高的发展趋势，发挥自身专业性强、平台高端、信息权威、内容丰富、品牌影响力大的优势，努力成为社会舆论的全面反映者、积极表达者、有效组织者和明智鉴别者，这也许不失为一种在信息化时代的传播环境下媒介的理性选择。

---

① 程世寿：《公共舆论学》，武汉：华中科技大学出版社，2003 年版，第 316 页。

参考文献

一、中文著作

1. 《毛泽东选集》第 1—4 卷，北京：人民出版社，1991年版。

2. 刘建明：《基础舆论学》，北京：中国人民大学出版社，1988 年版。

3. 刘建明：《社会舆论学原理》，北京：华夏出版社，2002年版。

4. 刘建明：《当代中国舆论形态》，北京：中国人民大学出版社，1989 年版。

5. 刘建明：《当代舆论学》，西安：陕西人民教育出版社，1990 年版。

6. 刘建明、纪忠慧、王莉丽：《舆论学概论》，北京：中国传媒大学出版社，2009 年版。

7. 刘建明：《天理民心——当代中国的社会舆论问题》，北京：今日中国出版社，1998 年版。

8. 陈力丹：《舆论学—舆论导向研究》，北京：中国广播电视出版社，1999 年版。

9. 程世寿：《公共舆论学》，武汉：华中科技大学出版社，2003 年版。

10. 程世寿、胡绎明：《新闻社会学概论》，北京：新华出版社，1997 年版。

11. 聂立清：《我国当代主流意识形态认同研究》，北京：人民出版社，2010 年版。

12. 龚文庠：《说服学——攻心的学问》，北京：东方出版社，1994 年版。

13. 徐向红：《现代舆论学》，北京：中国国际广播出版社，1991 年版。

14. 孟小平：《揭示公共关系的奥秘——舆论学》，北京：中国新闻出版社，1989 年版。

15. 张学洪：《舆论传播学》，南京：南京大学出版社，1992 年版。

16. 杨张乔：《声张自我的艺术——舆论社会学》，北京：中国国际广播出版社，1988 年版。

17. 郑保卫：《新闻理论新编》，北京：中国人民大学出版社，2007 年版。

18. 杨保军：《新闻事实论》，北京：新华出版社，2001 年版。

19. 杨保军：《新闻理论研究引论》，北京：中国人民大学出版社，2009 年版。

20. 喻国明等：《中国传媒软实力发展报告》，北京：同心出版社，2009 年版。

21. 喻国明：《解构民意：一个舆论学者的实证研究》，北京：华夏出版社，2001 年版。

22. 喻国明、刘夏阳：《中国民意研究》，北京：中国人民大学出版社，1993 年版。

23. 韩运荣、喻国明：《舆论学原理、方法与应用》，北京：中国传媒大学出版社，2005 年版。

24. 喻国明、张洪忠：《中国大众传媒的传播效果与公信力研究》，北京：经济科学出版社，2009 年版。

25. 喻国明：《中国社会舆情年度报告2010》，北京：人民日报出版社，2010 年版。

26. 郭庆光：《传播学教程》，北京：中国人民大学出版社，1999 年版。

27. 张国良：《现代大众传播学》，成都：四川人民出版社，1998 年版。

28. 张国良：《20 世纪传播学经典文本》，上海：复旦大学出版社，2003 年版。

29. 张国良：《中国发展传播学》，杭州：浙江大学出版社，2009 年版。

30. 张国良：《新闻媒介与社会》，上海：上海人民出版社，2001 年版。

31. 邵培仁：《20 世纪中国新闻学与传播学——宣传学和舆论学卷》，上海：复旦大学出版社，2002 年版。

32. 邵培仁：《媒介舆论学》，北京：中国传媒大学出版社，2009 年版。

33. 李希光：《软力量与全球传播》，北京：清华大学出版社，2005 年版。

34. 李希光：《畸变的媒体》，上海：复旦大学出版社，2004 年版。

35. 王来华：《舆情研究概论》，天津：天津社会科学院出版社，2003 年版。

36. 林语堂：《中国新闻舆论史》，上海：上海人民出版社，2008 年版。

37. 于建嵘、钟新、李元起：《变话——引导舆论新方式》，北京：世界图书出版公司，2010 年版。

38. 罗时进：《信息学概论》，苏州：苏州大学出版社，2009 年版。

39. 丁法章：《新闻评论教程》，上海：复旦大学出版社，2009 年版。

40. 洪向华：《媒体领导力——领导干部如何与媒体打交道》，北京：中共党史出版社，2009 年版。

41. 孙聚成：《信息力——新闻传播与国家发展》，北京：人民出版社，2006 年版。

42. 胡泳：《众声喧哗——网络时代的个人表达与公共讨论》，桂林：广西师范大学出版社，2008 年版。

43. 谢进川：《传媒治理论》，北京：中国传媒大学出版社，2009 年版。

44. 杜骏飞：《沸腾冰点——2009 中国网络舆情报告》，杭州：浙江大学出版社，2010 年版。

45. 刘伯高：《政府公共舆论管理》，北京：中国传媒大学出版社，2008 年版。

46. 胡百精：《危机传播管理——流派、范式与路径》，北京：中国人民大学出版社，2009 年版。

47. 蒋晓丽：《传媒的宣导抚慰功能》，成都：四川大学出版社，2008 年版。

48. 欧阳宏生：《电视传播核心价值论》，北京：北京大学出版社，2010 年版。

49. 赵化勇：《中央电视台品牌战略》，北京：中国广播电视出版社，2008 年版。

50. 陈兵：《电视品牌构建》，北京：中国传媒大学出版社，2006年版。

51. 钟大年：《电视跨国传播与民族文化》，北京：北京广播学院出版社，1998年版。

52. 王浦劬：《政治学基础》，北京：北京大学出版社，1995年版。

53. 唐钧：《政府公共关系》，北京：北京大学出版社，2009年版。

54. 詹文都：《政府公共关系》，广州：华南理工大学出版社，2009年版。

55. 何新：《论政治国家主义》，北京：时事出版社，2003年版。

56. 张昆：《大众媒介的政治社会化功能》，武汉：武汉大学出版社，2003年版。

57. 高波：《政府传播论》，北京：中国传媒大学出版社，2008年版。

58. 孙哲：《控制沟通：美国政府的媒体宣传》，上海：上海人民出版社，2007年版。

59. 曹劲松：《政府网络传播》，南京：江苏人民出版社，2010年版。

60. 曹劲松、庄信伟：《政府新闻发布》，南京：江苏人民出版社，2009年版。

61. 陈堂发：《新闻媒体与微观政治》，上海：复旦大学出版社，2008 年版。

62. 叶皓：《突发事件的舆论引导》，南京：江苏人民出版社，2009 年版。

63. 叶皓：《政府新闻学案例》，南京：江苏人民出版社，2007 年版。

64. 丁柏铨：《新闻舆论引导论》，北京：中国社会科学出版社，2000 年版。

65. 廖永亮：《舆论调控学》，北京：新华出版社，2000 年版。

66. 郑杭生：《中国社会发展研究报告2007》，北京：中国人民大学出版社，2007 年版。

67. 郑功成：《构建和谐社会讲演录》，北京：人民出版社，2005 年版。

68. 刘祖云：《社会转型解读》，武汉：武汉大学出版社，2005 年版。

69. 沙莲香：《社会心理学》，北京：中国人民大学出版社，1987 年版。

70. 沙莲香等：《中国社会心理分析》，沈阳：辽宁教育出版社，2004 年版。

71. 王燕玲：《商品经济与明清时期思想观念的变迁》，昆明：云南大学出版社，2007 年版。

72. 王思斌：《社会学教程》，北京：北京大学出版社，1987年版。

73. 张秀兰等：《中国发展型社会政策论纲》，北京：中国劳动社会保障出版社，2007年版。

74. 汝信等：《2010年中国社会形势分析与预测》，北京：社会科学文献出版社，2009年版。

75. 王成兵：《当代认同危机的人学解读》，北京：中国社会科学出版社，2004年版。

76. 季广茂：《意识形态》，桂林：广西师范大学出版社，2005年版。

77. 金观涛：《人的哲学》，成都：四川人民出版社，1988年版。

78. 赵汀阳：《坏世界研究：作为第一哲学的政治哲学》，北京：中国人民大学出版社，2009年版。

79. 卢现祥：《西方新制度经济学》，北京：中国发展出版社，2003年版。

80. 刘京林：《新闻心理学概论》，北京：中国传媒大学出版社，2007年版。

81. 刘京林：《大众传播心理学》，北京：中国传媒大学出版社，2005年版。

82. 彭聃龄：《认知心理学》，哈尔滨：黑龙江教育出版社，1990年版。

83. 郑兴东：《受众心理与传媒引导》，北京：新华出版社，2004 年版。

84. 罗钢、刘象愚：《文化研究读本》，北京：中国社会科学出版社，2000 年版。

85. 邓宏图：《理性、偏好、意识形态与社会演化：转型期中国制度变迁的经济史解释》，北京：经济科学出版社，2008 年版。

86. 童世骏：《当代中国人精神生活研究》，北京：经济科学出版社，2009 年版。

二、外文译著

87. 《马克思恩格斯选集》第 1—4 卷，北京：人民出版社，1995 年版。

88. 〔德〕哈贝马斯：《公共领域的结构转型》，曹卫东等译，上海：学林出版社，1999 年版。

89. 〔美〕塞缪尔·亨廷顿：《变革社会中的政治秩序》，李盛平等译，北京：华夏出版社，1988 年版。

90. 〔德〕马克斯·韦伯：《新教伦理与资本主义精神》，于晓等译，上海：三联书店，1992 年版。

91. 〔美〕英格尔斯等：《人的现代化》，殷陆君编译，成都：四川人民出版社，1985 年版。

92. 〔英〕约翰·洛克：《政府论》，瞿菊农等译，北京：商务印书馆，1996 年版。

93.〔美〕戴维·杜鲁门：《政治过程——政治利益与公共舆论》，陈尧译，天津：天津人民出版社，2005 年版。

94.〔美〕李普曼：《舆论学》，林珊译，北京：华夏出版社，1989 年版。

95.〔美〕施拉姆：《大众传播媒介与社会发展》，金燕宁等译，北京：华夏出版社，1990 年版。

96.〔美〕哈罗德·D. 拉斯韦尔：《世界大战中的宣传技巧》，展江译，北京：中国人民大学出版社，2003 年版。

97.〔美〕理查德·韦斯特：《传播理论导引：分析与运用》，刘海龙译，北京：中国人民大学出版社，2007 年版。

98.〔英〕霍布斯：《利维坦》，黎思复等译，北京：商务印书馆，2008 年版。

99.〔法〕福柯：《规训与惩罚》，刘北成等译，北京：三联书店，2007 年版。

100.〔美〕布鲁斯·兰尼斯·史密斯：《宣传、传播与舆论指南》，王海等译，广州：中山大学出版社，2008 年版。

101.〔美〕麦库姆斯：《议程设置：大众媒介与舆论》，郭镇之等译，北京：北京大学出版社，2008 年版。

102.〔荷〕麦奎尔：《受众分析》，刘燕南等译，北京：中国人民大学出版社，2006 年版。

103.〔美〕舒德森：《新闻社会学》，徐桂权译，北京：华夏出版社，2010年版。

104.〔美〕道格拉斯·C.诺斯：《制度、制度变迁与经济绩效》，刘守英译，上海：三联书店，1994年版。

105.〔美〕卡西尔：《国家的神话》，范进等译，北京：华夏出版社，1990年版。

106.〔美〕雷迅马：《作为意识形态的现代化》，牛可译，北京：中央编译出版社，2003年版。

107.〔法〕卢梭：《社会契约论》，何兆武译，北京：商务印书馆，1987年版。

108.〔美〕罗斯：《社会控制》，秦志勇等译，北京：华夏出版社，1989年版。

109.〔澳〕马尔科姆·沃特斯：《现代社会学理论》，杨善华译，北京：华夏出版社，2000年版。

110.〔法〕勒庞：《乌合之众：大众心理研究》，冯克利译，北京：中央编译出版社，2005年版。

在写作过程中，参考了有关期刊文章和网络资料，已在文中注明，谨表谢意。

后　记

涉足舆论学领域，起初并不是一个艰难的决定。我曾认为，相对于物质领域，自己对精神领域的事物更有兴趣和信心，选择具有一定理论色彩的课题来研究是顺理成章的事情。

但很快就发现，这是一个易入而难出的领域，舆论现象复杂多样，面貌瞬息万变，如同《三国演义》中曹操和刘备在"青梅煮酒论英雄"时所说的"龙"一样，"能大能小，能升能隐；大则兴云吐雾，小则隐介藏形；升则飞腾于宇宙之间，隐则潜伏于波涛之内"，古人早有"神龙见首难见尾"的感叹，变化不定的舆论的内在规律自是不易探求。同时，由于涉及哲学、政治学、社会学、心理学、新闻学、传播学等多个学科，遇到的问题众多，有时甚至会叫人不知所措，也许正是因此，施拉姆把舆论学视为"许多人路过、很少有人驻足的大交叉路口之一"。

但舆论学的研究的确很重要。西方古代传说记载，巴比伦人齐心协力准备造通天的"巴别塔"，进度很快，引起了上帝的恐慌，为阻止通天之塔的修建，上帝派天使劫走了巴比伦人共同使用的希伯来语，让他们无法彼此沟通和统一意志，结果巴别塔半途而废，"独留青冢向黄昏"，给后人留下许多遗憾。从这个故事中也可见出，众说纷纭的舆论如果得不到主流舆论的正确引导，社会就难以协同行动，最终将会成为一盘散沙，一事无成。尤其是在众声喧哗的互联网时代，加强舆论学研究的重要性不言而喻。

于是，选择了舆论学研究就意味着要做一件困难而重要的事情，需要坚持的毅力和求索的勇气。在求学和工作中，得到了中国人民大学国学院、北京大学哲学系、中国人民大学新闻学院、清华大学新闻与传播学院和北京市宣传文化系统等单位许多专家和领导的指点，北京市习近平新时代中国特色社会主义思想研究中心为图书出版提供了经费支持，在此一并致谢。目前的成果虽然还有很多不足，我却愿把它看作一个新的起点，不断激励自己在舆论学研究这条充满歧途的道路上不仅仅做一个过客，而是能够走得更远些。

作　者

2019 年 12 月于北京